古典教育与通识教育丛书

University General Education

in

the Age of Globalization

University General Education in the Age of Globalization

全球化时代的
大学通识教育

黄俊杰 著

著作权合同登记图字:01-2006-4970
图书在版编目(CIP)数据

全球化时代的大学通识教育/黄俊杰著.—北京:北京大学出版社,2006.8
(古典教育与通识教育丛书)
ISBN 978-7-301-10560-3

Ⅰ.全… Ⅱ.黄… Ⅲ.高等学校-素质教育-研究 Ⅳ.G640

中国版本图书馆 CIP 数据核字(2006)第 011419 号

书　　　名:全球化时代的大学通识教育
著作责任者:黄俊杰　著
丛 书 策 划:周雁翎
丛 书 主 持:周志刚
责 任 编 辑:郭　莉
标 准 书 号:ISBN 978-7-301-10560-3/G·1841
出 版 发 行:北京大学出版社
地　　　址:北京市海淀区成府路 205 号　100871
网　　　址:http://www.pup.cn　电子邮箱:zyl@pup.pku.edu.cn
电　　　话:邮购部 62752015　发行部 62750672　编辑部 62767346
　　　　　　出版部 62754962
印 刷 者:涿州市星河印刷有限公司
经 销 者:新华书店
　　　　　787 毫米×1092 毫米　16 开本　13 印张　202 千字
　　　　　2006 年 8 月第 1 版　2007 年 6 月第 2 次印刷
定　　　价:26.00 元

未经许可,不得以任何方式复制或抄袭本书之部分或全部内容。
版权所有,侵权必究
举报电话:010-62752024　电子邮箱:fd@pup.pku.edu.cn

自 序

《全球化时代的大学通识教育》代表最近两年来我对大学通识教育的一点思考心得。在付梓出版前夕,我想就全书写作宗旨,略加说明,以就教于读者。

人类历史进入第三个千年纪元之后,全球化趋势在资讯科技突飞猛进以及世界政经板块推移的助威之下,快速茁壮而蔚为新时代的历史主流。全球化潮流对大学与大学通识教育,必然造成巨大的冲击。大学通识教育如何因应21世纪全球化趋势的各种新挑战?这是最近两年来,常常萦绕在我心中的问题。本书各章的写作,都直接或间接地与这个巨大的问题,发生或多或少的关联。

本书共分三部分,第一部分共三章,均讨论全球化与大学通识教育问题。第一章从较为宏观的角度,思考21世纪全球化时代中,大学可能面临的许多前所未有的挑战。全球化加强了富国与强国对穷国与弱国更加深刻的剥削与宰制,造成亚非拉许多地区的大学,在英语主流文化与本土文化的争衡之中,艰辛摆荡;而且,由于居于全球化之核心与领导地位的国家,掌握最先进的航空科技、生命科学新知与武器工业,所以被迫卷入全球化浪潮的国家之大学,日渐面临教育主体性沦丧的危机。本书第一章分析以上这些大学教育的新问题,筹谋可能的因应策略,并呼吁加强本土文化教育,重建大学的教育主体性。本书第二章在第一章论述的脉络中,进一步讨论大学的通识教育,应加强拓深大学生的本土文化资源,尤其是开授以经典研读为内容的通识课程,深化有关中华文化与东亚文化的教育,以及研发具有"科学、技术与社会"(STS)内涵的课程。

本书第三章扣紧全球化潮流中,最能彰显全球化与本土化之张力,并触及大学国际化与国家化之差距问题的公民教育。在亚洲的大学公民教育课程中所传授与"公民资格"有关的诸多价值理念,均源生于近代西方社会,因此,常与本土文化与现实社会形成落差,甚至格格不入。突破公民教育问题的方法,虽然可以多元多样,但是,厚植学生的本土文化资源,并在公民教育的教学实务中,融入更多的本土关怀,当是较为有效的策略。

我在本书第二部分以四章的篇幅,尝试为21世纪的大学通识教育描绘新的愿景。第四、五章提出21世纪大学通识教育发展的新方向在于从普及到深化。我近年来深感在21世纪知识经济的新时代中,大学"自我异化"之危机日甚一日。我们如果能透过优质的通识教育,而使大学教育回归受教育者之主体性,使教学活动与思考活动合一,使知识与实践融贯,就更能召唤大学的灵魂。

在近年来大学的改革运动中,1999年开始黄昆岩教授主导的台湾各大学医学院医学系评鉴工作,取得相当的成效。在医学系评鉴过程中,我们发现医学教育中的人文通识教育有待进一步提升。本书第六章讨论如何通过通识教育,而提升大学医学教育中的人文精神这个问题。我也描绘理想中的通识课程规划蓝图,并建议以"语文素养"及"经典研读课程"为其重点。

自从2001年起,台湾教育当局推动第一梯次与第二梯次提升学生基础教育计划之后,台湾各高等院校的共同及通识教育获得了可观的改善,这诚然是令人兴奋的新发展。但是,在各大学校园的热闹荣景之中,却也出现一些令人担忧的危机。本书第七章讨论当前台湾地区高等院校通识教育所面对的"反知识主义"与"功利主义"两种心态的挑战,及其所衍生的教学实务上的问题。我建议以"回归教育基本面"作为因应上述危机的对策。

大学通识教育的提升,绝对不仅是通识课程的改善一端而已。所谓"道假众缘",通识教育的结构性之改善与教育的效果的延伸,与大学门墙之内的校长的领导风格,与大学门墙之外的社区大学教育,均有不可分割的关系。本书第三部分为第八章与第九章,分别探讨与通识教育发展相关的周边环境这两个问题,呼吁社区大学应与优质通识教育相结合,以互济互补,也强调校长在通识教育改革中的重要性。

展望未来,随着大学教育的普及化与终身学习社会的来临,大学通识教育作为奠基教育的性质,必然与日俱增,其重要性也将日益获得肯定。但是,在通识教育迈向一个充满了牛奶与蜂蜜的理想国度之前,我们必须努力播种,勤加耕耘,并时时芟除杂草,翻土犁田。是的,"凡辛苦耕耘的,必欢呼收割",让我们共同期待大学通识教育的新未来!

黄俊傑

目 录

第一章 全球化时代的大学理念与大学教育：问题与对策 …………（1）
  一、引言 …………………………………………………（1）
  二、全球化时代大学面对的新问题（一）：霸权文化与本土文化
    的争衡 …………………………………………………（2）
  三、大学因应文化霸权挑战的对策 ……………………（6）
  四、全球化时代大学面对的新问题（二）：教育主体性的失落 …（10）
  五、大学重建教育主体性的策略 ……………………（12）
  六、结论 …………………………………………………（14）

第二章 全球化时代大学通识教育的新挑战 …………………（16）
  一、引言 …………………………………………………（16）
  二、全球化的发展形式、本质及其台湾脉络 …………（17）
  三、全球化时代对大学通识教育的新挑战 …………（23）
  四、大学通识教育的新策略 ……………………………（25）
  五、结论 …………………………………………………（27）

**第三章 从全球化与本土化激荡的脉络论大学通识教育中的公民
教育** …………………………………………………………（29）
  一、引言 …………………………………………………（29）
  二、21世纪大学通识教育中公民教育的问题及其本质 ………（30）
  三、公民教育问题形成的原因 …………………………（36）
  四、迈向公民教育的新境界：植根本土，放眼全球 …（40）
  五、结论 …………………………………………………（42）

第四章　迈向21世纪大学通识教育的新境界:从普及到深化 (44)
　　一、引言 (44)
　　二、大学通识教育的现况及"深化"的意义 (45)
　　三、大学通识教育"深化"的必要性 (50)
　　四、深化大学通识教育的具体策略 (52)
　　五、结论 (55)

第五章　大学通识教育与基础教育的深化:理念、策略与方法 (56)
　　一、引言 (56)
　　二、深化的理念 (58)
　　三、深化的策略 (62)
　　四、深化的方法 (65)
　　五、结论 (68)

第六章　大学医学教育中人文精神的提升:通识教育的新思考 (69)
　　一、引言 (69)
　　二、医疗事业以人文关怀为中心 (70)
　　三、医疗事业中人文精神的开展 (72)
　　四、人文精神在医护院校通识教育中的落实 (75)
　　五、结论 (78)

第七章　当前大学通识教育的非制度性危机及其因应对策 (79)
　　一、引言 (79)
　　二、危机(一):"反知识主义"心态 (80)
　　三、危机(二):"功利主义"心态 (81)
　　四、因应对策:回归教育基本面 (83)
　　五、结论 (83)

第八章　社区大学教育与通识教育的融合:理念与策略 (85)
　　一、引言 (85)
　　二、当前社区大学运动的成就、瓶颈及其突破 (86)
　　三、社区大学中通识教育的重要性 (90)
　　四、对社区大学中通识教育的反驳意见及其批判 (96)

五、社区大学通识教育的实施策略 …………………………（99）
　　六、结论 …………………………………………………………（101）

第九章　从台湾经验论大学校长遴选的几个关键问题 ………（102）
　　一、引言 …………………………………………………………（102）
　　二、大学校长遴选制度的法源及其实际程序 …………………（103）
　　三、大学校长遴选制度的正面贡献 ……………………………（108）
　　四、大学校长遴选的制度性及非制度性问题 …………………（109）
　　五、因应问题的可能方向 ………………………………………（115）
　　六、结论 …………………………………………………………（117）

附录一　美国大学通识教育考察报告 …………………………（118）
　　一、美国大学通识教育实施之概况 ……………………………（118）
　　二、考察心得 ……………………………………………………（144）
　　三、具体建议 ……………………………………………………（148）

附录二　日本大学通识教育考察报告 …………………………（151）
　　一、前言 …………………………………………………………（151）
　　二、日本通识教育实施概况 ……………………………………（152）
　　三、教养部存废之相关问题 ……………………………………（152）
　　四、整体考察印象 ………………………………………………（153）
　　五、各大学通识教育实施概况 …………………………………（157）
　　六、各大学简况 …………………………………………………（166）
　　七、对台湾推动大学通识教育之建议 …………………………（170）
　　八、结语 …………………………………………………………（172）

附录三　儒家传统中"教育"的含义及其现代启示 ……………（173）
　　一、引言 …………………………………………………………（173）
　　二、儒家传统中"教育"的含义 …………………………………（174）
　　三、现代教育的弊病及其形成的原因 …………………………（180）
　　四、结论：儒家教育观的现代启示 ……………………………（185）

附录四　傅斯年论教育改革：原则、策略及其启示 …………（186）
　　一、引言 …………………………………………………………（186）

二、傅斯年论教育改革 …………………………………（187）
三、傅斯年教育观蕴涵的启示 ……………………………（190）
四、结语 ……………………………………………………（194）

第一章　全球化时代的大学理念与大学教育：问题与对策

一、引　言

人类历史进入第三个千年纪元之后,在第二次世界大战后占世界历史主流的"全球化"(Globalization)趋势加速发展。21世纪历史的重要趋势,如高科技的发展、知识经济的形成,以及文明之间的对话,都与"全球化"有关,而且直接冲击大学理念与大学教育的转型。

本章的主旨在于分析21世纪全球化时代中,大学理念与大学教育的新展望,特别针对全球化时代的文化霸权与本土文化认同问题,以及全球化时代中"教育主体性"的失落问题,筹谋对策。我们主张21世纪的大学教育应重视本土文化认同问题,加强本国文化教育,并回归教育本位推动大学教育,才能在21世纪科技与经济发展的洪流中,站稳教育的立场,开创新局。

在进入主题之前,我想先强调大学的"理念"及其"实践"两者之间,既有其不可分割性,又有其创造的紧张性。所谓"不可分割性",是指任何大学的实际运作如果没有清晰的理念,必然因缺乏指导原则而迷失方向。反之,大学理念却也只有落实在具体的大学建制之中,才能使它自己充分实现。所谓"创造的紧张性",是指大学理念有其理想性格,而大学教育有其现实面向,两者之间在具体而特殊的时间与空间条件之中,常常不能免于紧张关系。但是这种紧张关系却又深具创造性,因为高远的大学之理念可以提升大学的水准,而大学的实际教育状况也可以使大学理念更具有方向感,两者之间互为创造,合之双美,离之两伤。

二、全球化时代大学面对的新问题(一):霸权文化与本土文化的争衡

在 21 世纪新时代中,"全球化"趋势催化了"解民族化"与"解疆域化"的效应。在"全球化"的冲击之下,大学所面临的第一个新挑战,就是本土文化如何与强势的霸权文化争衡之问题。这个新挑战使大学在"全球化"与"本土化"的激荡中进退失据,捉襟见肘。我们详细阐释以上这两个论点。

(一)"全球化"的效应及其对大学的挑战

"全球化"是 20 世纪持续发展的现象,第二次世界大战结束后蔚为历史主流,最近 20 年来随着通信科技的飞跃发展,成为 21 世纪人类社会的重要方向。"全球化"趋势表现在许多具体现象之上,例如"时间"的全球化表现在全球各地股票金融市场的紧密互动之上,资本的全球化表现在全球各地资金之快速流动之上,知识的全球化表现在拥有新知识的人才之自由流动之上。但是,正如当代德国社会学家贝克(Ulrich Beck)所指出的,"全球化"趋势的效应主要表现在两方面:第一是所谓"解民族化"。贝克曾区分"第一次现代"与"第二次现代","第一次现代"的前提是"国家—政治对空间的固定和统治",贝克说:[①]

> 领土国家成了社会的货柜。换言之:国家的权力和控制要求建立且塑造了社会。对于民族国家在不同的基本权利、教育制度、社会政策、多党政治风貌、财税、语言、历史、文学、交通路径、基础结构能量、护照和边界管制等各方面的优势地位,我们可以而且必须考虑和想

[①] 贝克著:《全球化危机》,孙治本译,台北:台湾商务印书馆 1999 年版,第 90—91 页。

象。借此方式,民族国家社会也产生和保存了每日生活中的准本质认同,此种认同的自明性似乎建基于同义反复的表达形式上:德国人生活在德国、日本人生活在日本、非洲人生活在非洲。在这样的视野下,"黑色犹太人"和"西班牙德国人"(这仅仅是举一些世界社会中十分平常的混杂状态)被视为极端和例外,也就是被视为威胁。

在经济、政治、生态、文化、生涯史的经济全球化进程中,上述存在于国家社会空间和认同中的思想、行为和生活的建构崩溃了。世界社会意味着,各种打破并搅乱政治和社会的民族国家正统性的权力机会、社会行动、生活和认知空间。

贝克认为"全球化"趋势所创造的"世界社会"意味着"第二次现代"的来临,也意味着民族国家的终结①,他称这种现象为"解民族化"。

"全球化"的第二种效应是所谓"解疆域化"。贝克说:②

全球化不能只被理解为民族国家间交互关系与作用的增强与频繁,事实上,全球化持续改变了社会的内在性质:约定"社会"、"政治"之架构,本身就有了问题,因为疆域原则成了可疑的原则。更精确地说,假设的国家与社会等同关系被打破和解除了:越来越多的经济和社会的贸易、工作和生活形式,不再于依国家原则组织起来的"社会容器"中进行。

因此,全球化的核心可被视为是社会的解疆域化。经济、政治和生活形式不仅可跨越边界威胁古老的民族国家,它们也改变了民族国家内部的凝聚状态。越来越多的事情不但是同时发生,而且还发生于同一地,而我们的思想和行为未曾对距离的萎缩作出准备。世界突然变得紧密,不是因为人口的成长,而是因为某一些文化效应似乎必然会使所有的陌生者及远方彼此接近。

贝克所谓的"解疆域化"的效应,确实出现在社会、政治、经济、文化思想等不同领域之中。这种"解疆域化"的作用,一方面使既有的国家、机构或团体的界限与支配力为之弱化,另一方面却也使得世界各地的紧密感大大加

---

① 参考:Kenichi Ohmae, *The End of the Nation State: The Rise of Regional Economics* (New York: Mckinsey & Company, Inc, 1995),中译本:大前研一著:《民族国家的终结:区域经济的兴起》,李宛蓉译,台北:立绪文化事业公司1990年版,第22页。

② 贝克:前引书,《中文版序》,第4页。

强,使全球各地之间的互助支持愈形重要。①

但是,"全球化"趋势所产生的以上这两种效应,对21世纪的大学造成了巨大的冲击,使世界各地大学的教育内容与品质都因卷入"全球化"的浪潮,而必须面对全球性的竞争。举例言之,各国许多大学为了争取"世界一流"的学术领导地位,常以重金礼聘著名学者前往任教,这种情况在若干全球竞争激烈的学术领域如半导体元件设计、基因体医学、纳米科技等更是如此。由于这些领域中研究成果的突破可以创造巨大的商业利益,所以,世界著名大学莫不投入重金礼聘人才。其影响所及,遂使一流研究人才加速流动,因各国大学争相延揽而奇货可居。同样地,各国大学为争取第一流学生前往就读,以厚植大学永续领导地位之基础,也常以优厚奖金等条件,吸纳青年学子。

那么,在21世纪全球化时代大学竞争的语文工具是什么呢?答案无疑地就是英语。第二次世界大战结束以后半个多世纪以来,英语的重要性与普及性随着美国在政治、经济、文化领域影响力的上升而日益增加,冷战结束以后更是如此。英语在生命科学与自然科学研究与教学中的重要性,已毋庸赘言,即使是在人文社会科学领域中的重要性也与日俱增。英语已经逐渐成为21世纪全球化时代中,大学学术研究的世界共通语言。提升英语能力,已经成为非英语国家的大学基础教育中最重要的一个组成部分。加入世界贸易组织(WTO)以后的海峡两岸大学,莫不致力于学生英语能力的提升。

在这种高等教育发展的新形势之下,大学就必须面对以英语为基础的西方霸权文化的宰制,以及如何在大学教育中延续本土学术文化命脉与传承的问题。

---

① 所以,〔日本〕大前研一、〔德〕赫伯特·寒哲勒(Herbert Henzler)和〔美国〕佛瑞·葛律克(Fred Cluck),就在1990年2月8日在纽约举行的贸易与竞争能力会议上提出《迈向2005年世界的互助互立宣言》,强调:"人类社会与经济制度,其安全之所系,不再靠超级强国的吓阻力量,而有赖于国与国之间经济与知识思想上的互助互立。"这份宣言收入 Kenichi Ohmae, *The Borderless World* (New York: Mckinsey & Company Inc, 1990),中译本为黄柏祺译:《无国界的世界》,台北:联经出版事业公司1993年版,第269—271页。

(二)"全球化"与"本土化"激荡之下的大学教育

在"全球化"潮流之下,以英语为基础的学术文化确实发挥了霸权文化的作用,影响所及,非英语国家的学术评量指标多以论文收录在 SCI(science citation index)、SSCI(social science citation index)或 A&HCI(art & humanity citation index)之多寡,作为衡量学术表现的指标;本国人文社会科学中的某些学科之特殊的社会文化因素,以及以本国语言表达之方式,很少受到应有的考量。尤有进者,非英语国家之学者在英语学术典范的宰制之下,常运用西方(尤其是美国)的各种人文社会科学理论,对本国之人文社会问题进行检证,于是,本国的人文社会科学研究遂沦为西方理论之非西方注解。

在这种西方学术典范支配之下,非英语国家的大学教育也在"全球化"与"本土化"之间艰辛摆荡,甚至于辗转呻吟。非英语国家的一流大学吸纳全国的学术资源,培育出一批批的精英人才出国留学之后,大半滞留在英语先进国家而"为他人做嫁衣裳"。日积月累,使这些人才的母国处于长期失血的困境之中而不自知。从许多大学的实际情况看来,非英语国家的大学教育之"本土性"教育内容确实常常屈服于"全球性"的现实考量之下。

但是,我们必须接着强调:所谓"全球化"趋势,在很多情况之下,实际上是经济上的富国将其支配力扩张到全球各地的一种发展趋势。这种经济的富国大多是政治与军事的强国,也是能源消耗最多的国家。这种国家控制国际性的银行及金融体系如世界银行(World Bank)及国际货币基金会(International Monetary Fund,简称 IMF)等机构,也有能力主导国际性的资本市场,如号称"经济联合国"的世界贸易组织(World Trade Organization,简称 WTO)。这种国家是高科技如资讯科技、航太工业、太空科技与生物医学科技的领先国家,并且控制最先进的武器工业。这种国家常结合成为超国家联盟,对其他国家进行干涉或侵略。于是,"全球化"趋势常不免沦为为经济及军事的强国助长威势的发展。在"全球化"的强力支配之下,弱国或穷国的大学教育常常不能免于在国际知识生产体系中,沦为下游知识工业的命运。这种地区或国家的大学教育对当地社会的贡献不大,甚至完全背离本土关怀。

三、大学因应文化霸权挑战的对策

我们在上节分析了"全球化"对大学的第一项新挑战,那么,我们应如何因应呢?因应这项新挑战的对策甚多,最有效的策略就是:大学基础教育应厚植学生之本土文化根基,使其扎根本国文化,创造其本国文化资源,才能从本土迈向国际。这项策略之所以必要,乃是因为只有大学教育寻求本土文化的灵根自植,才能建立学生的文化主体性,并开拓学生的价值意识。但是,这项教育策略也应避免流于文化的"部落主义"甚至文化的"自恋情结"。我们接着分析这两项基本看法。

(一)"全球化"中本土文化教育的重要性

正如上节所说,"全球化"趋势其实对经济的富国与军事的强国大为有利,在多元文化竞争的表象之下,"全球化"助长了以英语为主的西方霸权文化在世界各地的影响力,其对非西方国家的大学教育的直接冲击,就是造成这些国家的本土文化认同的薄弱化或流失,使学生成为文化上失根的兰花或漂泊的浮萍。

针对上述教育问题,就海峡两岸华人社会中的大学教育而言,我们必须在大学基础教育中加强本国文化的教育,才能在21世纪"全球化"浪潮中各种文化系统激烈碰撞以及霸权文化强力宰制之下,奠定海峡两岸中华青年的文化认同之基础。为了达到这项目标,诸如"中华文化史"之类的课程在21世纪海峡两岸大学基础教育中,应特别加以重视。中华文化教育对21世纪海峡两岸大学之所以是重要的基础教育,乃是植根于历史的不幸之中。让我们从历史的回顾说起。

在20世纪的下半叶,中国大陆和台湾地区都经历历史性的剧变。就台湾地区而言,在战后的经济发展后,紧接着出现快速的政治民主化与社会自由化,促进了台湾快速的转型;就中国大陆而言,经历过"文化大革命"十年动乱与浩劫之后,近20多年来的改革开放政策,带动了经济(特别是沿海与江南地区)的快速发展,从而逐渐催化社会结构的转变。海峡两岸社会、经济、政治的变化,必然影响未来中华文化的走向。21世纪海峡两岸中华文化发展的方向何在?现阶段双方各自面对何种问题?应该如何因应?这些都是海峡两岸知识分子与人民共同关心的重大课题。

20世纪海峡两岸文化发展的基本问题在于"断裂"。所谓的"断裂"有两个含义:(1)指文化领域与非文化领域之间的断裂,而且前者的运作逻辑(modus operandi)受后者的运作逻辑的支配;(2)指文化领域内诸多组成要素之间的冲突。我们就海峡两岸文化状态加以探讨:

从深层的文化史角度来看,台湾地区的文化发展仍潜藏许多问题,这些问题集中表现在:(1)文化领域与非文化领域之间的紧张关系。现阶段台湾地区的文化的第一个问题是:由于战后台湾经济的快速发展,所导致文化领域的运作逻辑,深受经济领域运作逻辑的支配与转化。所谓"经济领域内的运作逻辑",是指在市场经济的前提之上,以生产的效率作为基本考量。文化领域内部自己的运作逻辑应该在于文化理想之自我实现。文化领域的运作逻辑被经济领域的市场经济运作逻辑所掩盖,造成文化领域自主性的丧失,其流弊所及导致文化创造力萎缩。(2)文化领域内部诸元素互相冲突。战后台湾地区的文化的内部还存在着诸多文化质素之间的冲突与不协调,主要表现为以下三类:第一是中原文化与台湾文化之间的不协调。第二是国际文化与本土文化之间的紧张。第三是传统文化与现代文化之间的对抗。以上三者之中,以第三项较具本质性,牵动前面二者的发展,其中中原文化与台湾地方文化之间的不协调,基本上是由于过去几十年来政治结构与政策所导致;而国际文化与本土文化之间的紧张,则与最近几十年来台湾经济的发展以及政治的民主化,有直接或间接的关系。①

就台湾地区的现实状况而言,由于资本主义的幽灵盘桓于宝岛,所以我们看到台湾的文化领域与非文化领域之间也有一种紧张性,这就是文化领域受到非文化领域严重的宰制,一切事物都转化成可计算、可出售的商品。另外,文化领域之内诸多元素之间也有严重的冲突。

再从中国大陆地区的状况来看,传统中华文化在20世纪的中国大陆

---

① 参看:Stevan Harrell and Chun-chieh Huang,"Introduction Change and Contention in Taiwan's Cultural Scene", in Stevan Harrell and Chun-chieh Huang, eds., *Cultural Change in Postwar Taiwan* (Boulder, Co.: Westview Press, 1994), pp.1—18。

也经历翻天覆地的大变动。在1919年五四运动以后,中国开始走向思想层面的现代化。自1949年起,近代西方重要思潮之一的马克思主义,成为中国大陆的官方主流思想。20世纪中国大陆的文化发展呈现两种问题:(1)文化领域与非文化领域之间的紧张关系。首先是从1949年以后,政治支配力量的高度突出,以至于文化领域的运作逻辑深受政治领域运作逻辑与价值体系的支配,文化为政治而服务,这种倾向在"文化大革命"期间表现得最为清楚。"文化大革命"结束后,在改革开放政策之下,市场经济在大陆地区飞跃发展,逐渐取代政治力量而成为支配文化领域发展的另一股新兴力量。大陆地区文化领域的自主性,在改革开放的新阶段仍呈现臣服于非文化领域支配之下的状态。(2)文化领域内部的问题。近百年来大陆地区的文化发展,在文化领域内部表现为两种形态的"断裂":第一是传统与现代的断裂;第二是中华文化与西方文化之间的紧张性。这两种类型的"断裂",在时间的进程中,交织为一,相互加强,使传统中华文化在新旧交迭、中西冲突之中,艰苦备尝。

从以上历史分析中我们可以知道:现阶段海峡两岸大学青年之所以与中华文化传统产生强烈的疏离感,实在是"冰冻三尺,非一日之寒"。在21世纪"全球化"浪潮席卷各地的新时代里,海峡两岸的大学教育更应加强中华传统文化的教育,引导大学生跃入中华文化历史的洪流中,汲取新时代的智慧的灵感,以便在21世纪各种多元文化价值的激流冲击之中,建立自己的文化主体性,培养价值判断的能力,成为有本有源、顶天立地的新青年。

再从21世纪大学的学术研究来看,中华传统文化的教育与研究,也可以发挥极为巨大的学术能量。回顾20世纪中国学术史,我们可以发现:20世纪海峡两岸中文社会科学界中研究有关"国家"(state)、"民间社会"(civil society)、"理性"(rationality)、"权力"(power)等议题的文化资源均来自西方经验,而由于西方社会科学的支配性地位,将原是从具体而特殊的西方经验中所建构的社会科学理论与方法,推广而成为普世性的学说。在这种推广过程中,西方学术"典范"(paradigm)实居于霸权之地位。

展望未来,21世纪中文学术界的人文社会科学研究,应该从西方支配走向东西互为主体。我们愈深入东亚历史经验与人文传统,愈能够出新解于陈编,愈能够提出新的社会概念与命题,而与西方的同行进行富有启发性的对话。中国学术如果愈能参考社会科学的概念与方法,就愈能够开拓新的视野。社会科学与中国学术本来就应该相辅相成,相得益彰。为了达到这项学术研究的理想目标,大学教育中加强有关中华文化传统各个方面的教学与研究,实在是当务之急。

(二)"文化唯我论"的超越

我们以上所提倡的中华文化教育,不应被误解为我们有意鼓吹"文化唯我论"。所谓"文化唯我论"(Cultural solipsism)的心态,即认为普天之下的不同文化系统中,以自己的文化最为先进而优越,其他文化皆落后而低劣。近代以前,中国将四邻形容为"东夷"、"西戎"、"南蛮"、"北狄",就是这种"文化唯我论"心态的表现。古代中国典籍中"中国"这个词汇之含义很能显示我们在这里所谓的"文化唯我论"。当代学者王尔敏(1927—)曾详考先秦典籍中出现"中国"词称者共25种,归纳诸书所载"中国"词称之总数,共为178次,其所含意旨,约有5类:(1)京师之意,凡9次。(2)国境之内之意,即所谓国中,凡17次。(3)诸夏之领域,凡145次。(4)中等之国之意,凡6次。(5)中央之国之意,凡1次。其中占最大多数者,则为第三种以诸夏领域为范围者,占全部数量83%。其次指为国境之内者占10%。再次指为京师者占5%。王尔敏指出:"在秦汉统一以前,'中国'一词所共喻之定义已十分明确,主要指称诸夏之列邦,并包括其所活动之全部领域。至于此一称谓之实际含义,则充分显示民族文化一统观念。诸夏列邦之冠以'中国'之统称,主要在表明同一族类之性质与同一文化之教养之两大特色。"①古代典籍以"中国"一词指文化最高的诸夏之领域,"中国"一词确实在相当程度内呈现某种"文化唯我论"的思想倾向。

我们现在提倡的中华文化教育,并不是以上述的"文化唯我论"作为基础,也不是以导向文化的"自恋情结"为目的。相反的,我们着眼于21世纪"全球化"发展浪潮中,非英语国家的文化传统在英语霸权文化的冲刷之下,颇有濒临崩溃之危机,从而使得非英语社会的海峡两岸华人社会中的青年,逐渐失去本土文化的认同感。我们的论述实有其特定之针对性,我

---

① 王尔敏:《"中国"名称溯源及其近代诠释》,收入:氏著:《中国近代思想史论》,台北:作者自印1977年版,第441—480页,引用统计数字见第442页,引文见第443页。

们认为:提倡本土文化教育,必须超越狭隘的文化义和团心态,才能从深具地域特性的本土文化中,提炼具有普世意义的价值观,使本国青年不致在霸权文化的冲击中惨遭灭顶。

四、全球化时代大学面对的新问题(二): 教育主体性的失落

全球化时代大学面对的第二项挑战是:教育主体性受到严酷的压抑或扭曲,因为高科技的进步以及21世纪知识经济的新发展,及其所产生的巨大利益,使大学的性质产生重大变化,造成大学的"自我异化",使大学之教育主体性日趋萎缩。我们接着论述这两项论点。

(一)科技发展与知识经济时代的来临

21世纪是科技飞跃发展的时代,一般认为纳米科技、生命科学及通讯科技,是21世纪新科技的主流,世界各国莫不投入大量研发经费以加速在上述高科技领域争取领先地位,以提升国家经济实力。举例言之,2001年哈佛大学宣布投入20亿美金,针对几个热门领域建构五个研究中心,其中用7亿美金建立 Center for Genomics and Proteomics(CGP) 及 Center for Imaging and Mesoscale Structures,结合生物、化学、数理统计、电机资讯以及工程设计,发展新技术并用于大规模的分析基因及蛋白,以研究细胞及生理功能。此外,加州理工学院也投入10亿美金,从事生物医学相关领域研究。

在这种国际科技竞争的新潮流中,海峡两岸也急起直追,台湾的"国科会"于2001年6月22日,正式核定"基因体医学国家型科技计划",该计划将分为基因体医学组等四组,并从2002年度起执行三年,经费合计新台币74亿8千零7万元。中国大陆从1997年开始推动973计划(国家重点基础研究发展计划),第一阶段5年累计投入资金25亿元人民币,共有一百多个科研项目。973计划2002年将再投入资金7亿元,增加安排20个项目。973计划的战略定位是:根据到2010年以及本世纪中叶中国大陆经济、社会和科技发展的目标和任务,围绕农业、能源、信息、资源环境、人口

与健康和材料等领域持续发展中的重大科学问题,开展创新研究。973 计划的 108 个项目,农业领域 14 项,能源领域 12 项,信息领域 14 项,资源环境领域 19 项,人口与健康领域 17 项,材料领域 16 项,重要科学前沿 16 项。

以上这种科技快速发展的新趋势,说明了 21 世纪是一个所谓"知识经济"的新时代。相对于过去历史上以土地为生产工具的"农业经济",以及以资本与设备为生产工具的"工业经济",21 世纪以知识作为创造及累积财富的工具,一般称之为"知识经济"。"知识"在 21 世纪成为创造财富的根本基础,这里所谓"知识"不仅包括科技研发的新知识,而且也包括经营、管理、传播的新模式与新方法。

(二)大学的教育主体性面临挑战

以上所说的科技发展及其所创造的巨大的经济利益,对大学所造成的冲击在于:大学理念与大学教育必须因应知识经济时代的来临,而有所调整。一位管理学家提出以下的观察:[1]

> 在知识经济时代,大学教育应从精英教育转变成普及教育,因此大学教育的角色应从提供学生知识与技术转变成营造有利人力投资环境者,把学生从被动性的学习转为主动的人力资本投资者。要达成此目的,大学必须从开发各种不同才能方面着手,使看似很普通的学生透过各种才能的鉴定,发现他的特殊才能的所在,因而能因材施教,使大多数的就业人士都可以成为具创意、具专业知识与技术的知识工作者。大学经营的理念与方法亦该在知识经济时代作一个彻底的改变,从被动的,以考试与颁发文凭的方式去检验学生有无学习得某些知识与技术,到主动的,创造有利的诱因,提升学生从事人力资本投资的报酬,使他们从一个被动的知识接受者,到一个主动的新知识、新技术追求者,人力资本投资者。

这种说法完全切中知识经济对大学之影响在于:使大学生成为新知识与技术的追求者与人力资本的投资者。大学的性质也随之转化成为知识经济

---

[1] 李诚:《高等教育在知识经济时代的功能》,收入:《知识经济时代台湾高等教育改革的理念与实践研讨会论文集》,台北:救国团社会研究院 2002 年版,引文见第 20—21 页。

体系中新知识与新技术的研发工厂。

就海峡两岸大学教育的状况而言,在20世纪下半叶许多大学常扮演意识形态生产工厂的角色。相对于过去大学所肩负的意识形态任务而言,21世纪的大学转化为新知识与新技术的研发工厂,虽然也许可以视为一种进步的现象,但是,如果从大学之为教育机构这个立场来看,则大学在21世纪知识经济时代中,将面临"教育主体性"失落之危机。所谓"教育主体性"是指:教育的根本目的在于通过教育活动而促成学生人格之完整发展,从而增进学生之道德福祉。但是,在21世纪知识经济时代,知识之商品化价值普受重视,有些人甚至以知识作为商品。于是,大学中知识的生产(如研究)与传播活动(如教学活动),逐渐与这类活动之目标产生疏离现象。换言之,大学的教学与研究活动,由于知识经济与市场需求等因素的介入与操弄,而演化成为大学教研目标的对立物。其结果是使大学终于与大学之目的互相疏离,而造成大学的"自我异化",从而使大学成为完成其他目的(如市场经济的扩张)的工具,使大学的"教育主体性"为之沦丧。

五、大学重建教育主体性的策略

针对上述第二项新挑战,处于21世纪全球化时代的大学,必须回归并重建大学之教育主体性,才能消除大学的"异化"之危机。大学建立教育主体性的策略尤在于:将教学与研究之目标落实在学生之上;并在大学社群与非大学社群之间建立"互为主体性"之关系。我们接着阐发以上两项看法。

(一)大学"自我异化"危机之解消

我们要在21世纪全球化时代中,筹谋解消大学"自我异化"之对策,首先必须探讨所谓"大学之自我异化"的具体含义,约可从三个方面思考:

第一,所谓"大学之自我异化",是指大学与大学师生心智劳动的成果互为疏离。举例言之,大学师生研发的生物技术知识,一旦研发完成,这种知识就脱离其心智劳动者,常经由知识商品化的管道,而流入大资本家所拥有的大药厂,生产新药,创造庞大商机。我们举此一例以阐明:大学师生常常并不是他们心智劳动成果的最后受益人,在很多情况之下,大资本家比大学师生更能将大学的劳动成果加以商品化,从而垄断其所创造的巨大利益。于是,大学乃出现"自我异化"。

第二,所谓"大学之自我异化",是指大学通过其教研活动,而成为大学自身存在之本质的对立物。再举上述生物科技为例说明。大学存在的本质是为了个人道德福祉的提升与人类文明的创造与永续发展,但是,大学师生在大学中的教研活动,却有可能将研究成果使用为毁灭人类福祉的工具,例如数年前台湾某大学毕业的药学博士,在从事博士后研究时,使用教授的实验室设备生产毒品,就是一个轰动社会的新闻。在上述情况之下,大学已疏离于大学的本质之外。

第三,所谓"大学之自我异化",是指大学作为知识社群而与其他社群处于互为疏离之关系,而沦为被其他社群所宰制之状态。大学本是大社会的一部分,大学与社会中其他社群或成员,应处于一种"互为主体性"的关系。从一方面看,大学既不是也不能成为遗世而独立的象牙塔;但从另一方面,大学却也不能完全受市场经济的运作逻辑所宰制,而成为经济部门的知识工厂。然而,在某些状况之下,大学有可能沦为其他部门或社群之工具而"自我异化"。

针对以上所说三种意义下的"大学之自我异化",其解消之方法在于使大学回归以教育为本位之本质状态。

(二)"教育主体性"的重建

所谓大学的"教育主体性"之重建,是指在 21 世纪知识经济快速发展的新时代中,大学必须明辨本末,将教研工作之目标落实在学生之上。大学的研究成果固然可能创造庞大商机或新的意识形态,但是,大学存在之原初目的,并不是为了市场经济的扩张或国家政治目标的完成。大学的教研工作都以学生心智与人格之成长为原初起点,也是最终目标。

如果大学能重建这个意义下的"教育主体性",在 21 世纪新时代中,大学就有足够的内在力量,以便与社会力、政治力及经济力健康互动,双方建立一种"互为主体性"之关系。诚如前任美国密歇根大学(University of

Michigan)校长杜德斯达(James J. Duderstadt)最近所说,21世纪是一个变迁快速的时代,各种社会、经济、政治力量正强而有力地冲击着大学的教学与研究的内容与议题。他以密歇根大学为例,颇为担心美国的一些研究型大学无法因应快速的经济变迁而成功转型。① 就21世纪的大学来说,也许关键不在于大学是否能够成功转型以因应全球化与知识经济的需求,而在于转型后的大学是否能够成功站稳"教育主体性"的立场,保持并延续大学的理念。

六、结　　论

本章扣紧21世纪全球化发展的新趋势,探讨新时代大学所面临的两项新挑战,也以海峡两岸的大学为例,提出因应挑战的对策。我们在本章第二节首先指出:由于全球化的加速发展,21世纪以英语为中心的文化系统之影响力与日俱增,而逐渐形成具有宰制力的霸权文化,因此,21世纪非英语国家的大学必然面临本土文化如何保存并发扬的问题。我们认为:在21世纪"全球化"愈加速发展,亚洲的大学教育愈应在基础教育中加强本土文化的研习与传承,才能厚植亚洲文化圈中大学生的本土文化资源,使他们在21世纪强势文化的冲击之下,不致形成为漂泊的灵魂或失根的兰花。但是,我们也提醒,经由本土文化的浸润而奠定学生的价值意识这项教育策略,并不意味着另一种形式的"文化自恋狂"教育,从而制造文化或精神的义和团。我们认为:只有在"全球化"与"本土化"之间保持动态的平衡,亚洲国家的大学才能在21世纪植根本土并放眼世界,真正实践"全球思考,在地行动"("Think globally, act locally")的理想。

本章第四节分析21世纪全球化时代中,由于新科技如生命科学及纳米科技的突破,创造巨大的商机,使大学所创造的新知识之市场价值大幅提升。这种新发展的结果有可能颠覆大学的原始目标,改变大学作为追求真理的知识殿堂之性质,而造成大学的"自我异化",使大学成为教育的对立物。我们在本章第五节主张:21世纪的大学固然不应也不可能是遗世而

---

① James J. Duderstadt, *A University for the 21st Century* (Ann Arbor: University of Michigan Press, 2000).

独立的象牙塔,大学师生不是不食人间烟火的隐士,但是大学却也不是为了经济创收而存在的利益共同体。21世纪的新大学必须与大学门墙以外的经济部门,建构一种如南宋大儒朱子(晦庵,1130—1200)所说的"不离不杂"的健康互动的"互为主体性"的关系。

第二章　全球化时代大学通识教育的新挑战

一、引　言

全球化(globalization)发展趋势是 21 世纪历史的主流。全球化在资讯科技快速发展以及世界各区域经济联盟逐渐形成的助威之下,蔚为不可遏止的潮流,并对世界各国高等教育,带来巨大的冲击。曾任美国加州大学(伯克利)校长及加大系统总校校长的克拉克(Clark Kerr)在 1994 年就预测,21 世纪世界各国大学教育面临的挑战是,如何在教育内容的"国家化"与"国际化"之间、在教育机会平等与学生能力取向之间、在保存传统与展望未来变迁之间、在大学教育功能的多元化与一元化之间、在个人利益之追求与整体社会规范之建构之间,维持应有的均衡。① 克拉克所预测的上述各项挑战,在最近 20 年来已经在不同程度之内,在各国高等教育界逐渐浮现。大学通识教育正是将上述 21 世纪大学教育领域内的各种张力,彰显得最为清楚的教学领域。

本章之主旨在于分析 21 世纪全球化时代中,大学通识教育所面临的两项重大新挑战:本土文化素养的提升与整全人格的培育等课题。本章第二节首先讨论全球化的发展形式、本质以及在台湾脉络中全球化所造成的

---

① 参看:Clark Kerr et. al., *Higher Education Cannot Escape History: Issues for the Twenty-first Century* (Albany: State University of New York Press, 1994)。

问题。本章第三节接着分析全球化发展对于海峡两岸华人社会的大学通识教育提出的新挑战。第四节则提出三项因应上述挑战的新策略。最后，本章第五节综合全文论旨，提出 21 世纪大学教育的新方向。

二、全球化的发展形式、本质及其台湾脉络

（一）形式

全球化作为世界史中一个持续发展的趋势，到底从何时开始？这个问题依着眼点之不同而可以有互异的答案。例如，从资本主义的形成及其向全球扩张来看，16 世纪可以视为全球化潮流的开始。从工业化发展的角度着眼，可能 19 世纪可以视为全球化的一个起点。而从强势文化向全球各地扩散着眼，则第二次世界大战后的 1960 年代或 1970 年代才是全球化的起点。但不论从什么角度来看，全球化历史趋势的表现形式，主要集中在以下两个方面：

1. 世界各地的趋同化：近代世界资本主义的生产与再生产方式，从 16 世纪以后逐步消弭各地的地方性生产方式，使世界各地的经济生活方式日渐趋同。1848 年，青年马克思（Karl Marx，1818—1883）和恩格斯（Friedrich Engels，1820—1895）就说：①

> 资产阶级，由于开拓了世界市场，使一切国家的生产和消费都成为世界性的了。不管反动派怎么惋惜，资产阶级还是挖掉了工业脚下的民族基础。古老的民族工业被消灭了。并且每天都还在被消灭。它们被新的工业排挤掉了，新的工业的建立已经成为一切文明民族的生命攸关的问题；这些工业所加工的，已经不是本地的原料，而是来自极其遥远的地区的原料；它们的产品不仅供本国消费，而且同时供世界各地消费。〔……〕
>
> 资产阶级日甚一日地消灭生产资料、财产和人口的分散状态。它

---

① 马克思和恩格斯：《共产党宣言》，收入：《马克思恩格斯选集》第一卷，北京：人民出版社 1972 年版，引文见第 254—256 页。

使人口密集起来,使生产资料集中起来,使财产聚集在少数人的手里。由此必然产生的后果就是政治的集中。各自独立的、几乎只有同盟关系的、各有不同的利益、不同法律、不同政府、不同关税的各个地区,现在已经结合为一个拥有统一的政府、统一的法律、统一的民族阶级利益和统一的关税的国家了。

马克思和恩格斯在19世纪中叶从资本主义的扩张现象之中,预见了全球各地地域特性的消逝与趋同化的发展。世界各地在资本主义市场经济操弄之下逐渐趋同化的这种趋势,在第二次世界大战结束之后更是快速发展。

2. 世界各地的互相关联性:全球化的第二个重要发展现象,就是世界各地的互相关联性与日俱增,各国的股票市场、汇兑市场甚至政商网络都互相影响,各地的产品行销世界,畅通无阻,正如英国社会学家吉登斯(Anthony Giddens,1938—)所说,全球化创造了一种世界各地区之间的相互连结性(interconnectedness)大幅提升的生活方式。①

这种世界各地的相互连结性,一方面固然使世界各地的人才资金与资讯,在全球化的趋势之下,可以快速地自由流动,但是,另一方面却也可能使毒品、走私、恐怖主义活动更加快速蔓延。2001年的"9·11"恐怖攻击事件以及2003年的美国攻打伊拉克的战争,都使世界各国直接卷入或间接受到影响。

(二) 本质

但是,在上述全球化的表面发展趋势之下,却潜藏着两项有待深入思考的本质:

1. 中心对边陲的宰制:全球化发展加强了富国与强国对于穷国与弱国的宰制与剥削。这是全球化趋势之下一项极其明显的事实。后冷战时代的美国,正是全球化发展的中心国家,在后冷战时代美国对世界各地更加肆行干涉与控制。当代语言学大师乔姆斯基(Noam Chomsky,1928—)对

---

① Anthony Giddens, *Beyond Left and Right: The Future of Radical Politics* (Cambridge: Polity Press, 1994), pp.4—5.

于作为全球化中心的美国之对边陲国家的宰制,有一针见血的论述,他说:①

> 过去,许多全球性议题都以主权概念的方式而架构。也就是说,政治实体依循本身路线——可以是良善或是丑恶不堪——的权力,而且能够免于外来干预而加以完成。在真实的世界内,这意味着被高度集中的权力所干预,而美国正是其主要核心。集中化的全球力量有着各种称呼方式,端赖人们内心对主权和自由所抱持的观点而定。所以,有时它被称为华府共识、华尔街与财政部的复合体、北大西洋公约组织、国际经济官僚(世界贸易组织、世界银行和国际货币基金组织),或是七大工业国(G-7,西方富裕的工业国家,译注:即加拿大、法国、德国、英国、意大利、日本、美国七国)或三国集团(G-3),干脆更确切地说,通常指的是一国独大的美国(G-1)。

乔姆斯基上述的指控,完全切中全球化时代美国对世界各地支配的事实。

我们接着以全球化与高等教育的关系进一步分析。世界各国人民受教育的机会与该国的经济实力之高低有直接的关系,愈是贫穷的国家,人民的识字率愈低。而且,在全球化的浪潮之下,教育水准愈低的国家之生产力愈低,因此,愈居于世界资本主义分工体系的下游,形成恶性循环。2003年1月22日,联合国教科文组织(UNESCO)总干事就说,全球的文盲占总人口的比例虽然已经从1980年占30.8%,降到1995年的22.8%,但是2003年全球的文盲总人口仍高达8亿6千8百万人。联合国希望到2010年全球人口中的文盲比例能降到16.6%,到2015年贫困地区与少数民族地区的小孩都能受高品质的小学教育,而且到2015年全球成人识字率能至少提升一半。就这项长远的目标而言,教育机会的均等仍是一项尚未落实的愿景。②我在这里要强调的是,教育机会均等的愿景之所以未能落实,主要原因之一就是在全球化的浪潮中贫国与弱国之逐渐被边缘化,使居于中心地位的强国与富国更加肆无忌惮地剥削边缘国家,并将边缘国家的人才吸纳到中心国家之内,为后续的剥削与宰制而服务。我们必须认

---

① 乔姆斯基著:《流氓国家》,林佑圣译,台北:正中书局2002年版,第352页,引文略经润色。
② Koichiro Matsuura, "Education for All: The Unfulfilled Promise", *The Hindu*, 22 January 2003, www.thehindu.com.

清全球化对世界各国教育所造成的不平等之问题,才能进而谋求其解决之道。①

正是有见于全球化趋势中"中心对边缘的宰制"对于弱势国家高等教育的影响,所以 1998 年 10 月联合国教科文组织发布文件,呼吁世界各国:"应采取具体的步骤缩小发达国家与发展中国家,尤其是与最不发达国家之间在高等教育和研究方面愈来愈大的差距。需要以具体步骤,鼓励经济发展水准不同的国家加强在高等教育和研究方面的合作。应考虑为此目的拟定预算条款,并与各国国内及国际上的工业界签订互利协议,以便在这些国家借适当的奖励措施或资金提供,以持续发展教育、研究及培养高级专门人才。"②在全球化发展日甚一日的 21 世纪,如何在中心国家与边缘国家之间维持教育机会的均衡,确实已构成一项严峻的挑战。

2. 资本主义市场逻辑的宰制:全球化在很大的范围内就是资本主义化,所以,随着后冷战时代美国霸权支配力的无远弗届,美式资本主义生活方式及其价值,强有力地渗透到世界各地,并颠覆亚、非、拉各地传统的饮食习惯、消费模式及生活方式。一言以蔽之,全球化其实就是资本主义市场经济的胜利。

佘罗(Lester C. Tharow)曾分析资本主义在近代世界史上的胜利,他说:③

> 自从工业革命开始以来,当成功被界定为提高物质生活水准,就没有一种经济制度像资本主义那样运行得四海皆准。人们不知道如何以任何其他的原则来把经济运行成功。市场,唯有市场,一统江山。没有人怀疑它。只有资本主义提倡有关个体性的现代信仰,并利用某些人认为是较为卑鄙的动机:贪婪和自私自利,来提高生活水准。从迎合每个人的愿望和需要这方面,姑不论这些需要在别人看来是如何的微不足道,就没有其他的制度做到,甚至连一半都做不到。资本主

---

① 因全球化而造成的教育的不平等,在开发中国家特别严重。最近关于这个问题的分析,参看: Philip G. Altbach, "Globalization and the University: Myths and Realities in an Unequal World", *Tertiary Education and Menagement*, No. 1, 2004, pp. 1—20.

② "Framework for Priority Action for Change and Development of Higher Education", http://unesdoc.unesco.org/images/0011/001137/113760eb.pdf,此文有中译本:刘广定:《高等教育改革与发展的实施纲领》,载《科技报导》266 期(2004 年 2 月),第 18—22 版,中文引文见第 19 版。

③ Lester C. Tharow 著:《资本主义的未来》,李华夏译,台北:立绪文化事业公司 1998 年版,第 1 页。

义在 19 世纪和 20 世纪的竞争者——法西斯主义、社会主义和共产主义都完了。

资本主义在世界近代史上的胜利,正是因为它结合了人性中的自私与自利的动机。

(三) 全球化的台湾脉络

以上所说的全球化趋势中的资本主义化及其所衍生的价值观,在台湾特殊的脉络中更形严重而且影响深远。最近百余年来,台湾形势复杂,文化断裂,资讯社会的来临与全球化之发展,更使台湾青年成为"失根的兰花"与"漂泊的浮萍"。在全球化潮流中资本主义市场经济逻辑的主导之下,台湾社会的功利主义价值取向更日甚一日。

在这种全球化的台湾脉络之中,台湾高等教育快速地接受市场经济价值的主宰,高等院校成为职前训练所,学术研究与市场价值密切挂钩而形成所谓"学术资本主义"。[1] 正如在其他资本主义社会的状况一样,台湾的高等院校中所谓"热门科系",就是指高度就业导向的系所。学生在接受教育的过程中,专业训练所占的比例常常远过于共同教育与通识教育。这些学生在"热门科系"毕业以后,很快可以在台湾资本主义分工体系中,取得较佳的就业位置,加入资本主义生产与再生产的行列。2003 年 8 月 8 日,台湾教育当局根据立法机构的决议宣布:"自明年起,将把大学毕业生的就业率纳入分配大学奖补助款的评鉴指标之一,督促大学加强产学合作及调整系所。"这种教育政策具体显示了全球化资本主义市场经济对高等教育所带来的压力与日俱增。

大学门墙以外的产业界,也强力要求大学为资本主义市场经济而服务。举例言之,广达电脑董事长林百里于 2003 年 6 月 7 日在台湾大学毕业典礼以《再次打造一个台湾的经济奇迹》为题致辞说:[2]

我们的大学有些科系是供应不足,但是有些是供应过剩,会造成

---

[1] Sheila Slaughter and Larry L. Leslie, *Academic Capitalism: Politics, Policies, and the Enterpreneurial University* (Baltimore and London: Johns Hopkins University Press, 1997).

[2] 见:《台大校讯》第 708 号,2003 年 6 月 11 日,第 4 版。

社会严重的失业问题,企业往往收到毕业生也不完全合用,其实这个问题可以很容易解决,学校设的科系应该要依照社会的需要来做适当规划,有适当的科系也需要有适当的训练才能够毕业后马上派上用场,所以我认为企业与学校结合在一起,让企业随时了解学校的规划,也让学生随时知道企业的需求,企业可以委托学校训练人才,委托学校开发新科技,自然就能够更顺利地接轨。也可以让企业去训练学生去创新、去创业,毕业生当然是会被企业所争取录用,就没有供应过剩的问题。学生的质与量都更有竞争力。

从企业经营者的立场而言,林百里上述说法并不令人感到意外。但是,这种论点赤裸裸地告诉我们:大学教育正在资本主义市场经济的西风中颤抖。资本主义要求大学从追求真理的学术殿堂,转化为资本主义市场经济的职前训练工厂。在这种压力之下,许多大学也纷纷设立"创新育成中心",努力于将大学研发的新知识转化成商业利益。

近年来,台湾的高等院校从当局所获得的资源一再降低,更使上述问题更形严重。台湾大学校长陈维昭对于大学经费之不足,有第一手证言,他说:①

>　　这十多年来,在邻近国家与地区持续增加对其大学之投资时,台湾的大学却遭逢超低投资的严厉困境。即使物价指数之变动不予考虑,十多年来每位学生所能获得的政府补助不但没有增长,反而逐年降低,使得与亚洲邻近各国各地区的差距越来越大,台湾每位大学生的平均成本还不到日本东京大学的十分之一、香港中文大学的七分之一、韩国汉城大学的三分之一。假设每年一百亿只给予一所大学,以台大拥有3万名学生为例,每一位学生所能额外获得的也不过33万左右,加上原来的16万,也大约是50万左右,即使再加计各校自筹的百分之五十(以16万计算),每位学生所能获得的资源仍然不如汉城大学。因此,五年五百亿对原本严重资源不足的岛内大学来说,可谓杯水车薪。

陈校长所说的问题,确实是近年来台湾的高等院校共同面临的严重问题。

---

① 陈维昭:《台湾是否需要世界一流大学?》,载《台大校讯》第742号,2004年4月7日,引文见第4版。

大学经济资源的贫乏,使大学更加紧向资本主义靠拢,大学甚至为了生存而不能免于出卖大学的灵魂之危机。

三、全球化时代对大学通识教育的新挑战

如果将海峡两岸高等院校的通识教育,放在以上所说的全球化趋势中考量,我们就会发现大学通识教育面临至少以下两种严峻的新挑战:

(一)大学生本土文化资源之拓深问题

如上所说,全球化的浪潮加强了西欧与北美资本主义国家对亚、非、拉国家的宰制。在教育领域中,英语作为最重要而普遍的国际语言的影响力正与日俱增。非英语国家与地区的教育,普遍面临本土文化资源流失的问题。因此,在非英语国家中如何经由大学通识教育而拓深本国大学青年的本土文化资源与素养,就构成一项新的挑战。

这项本土文化受到霸权文化之宰制的问题常受到高等教育界人士的忽略,我们从全球化对印度高等教育的冲击说起。2001年,印度的一个教育研究学位(David Arnold Institute of International Education)提出报告,探讨全球化对印度高等教育的意义在于全球化既是威胁又是机会。报告指出:在大约51,400位留学美国的外国学生之中,来自亚洲各国的留学生占54%。在1998—1999学年度,印度留美学生约4,200人,但美国赴印度留学的学生则仅有707人。这种状况明白显示美国教育经由全球化而对印度产生重大的影响。从1991年起,印度经济的自由化受惠于大量的留学生之回国服务。因应全球化的挑战,这个报告建议印度应调整高等教育政策,鼓励印度各大学与国外大学合作,加强产业合作,共创利益,并鼓励创新教育方法如网络教学等。[①] 这份报告掌握到全球化使各国(包括印度)的高等院校都卷入"全球市场"这项事实,但是,这份报告

---

① David Arnold Institute of International Education, "Globalization of Higher Education: What it Means for India", http://www.iie.org/Content/NavigationMenu/News_Announcements/Speeches/02-26-2001_Globalization_of_Higher_Education_What_it_Means_for_India.html.

却过度注重全球化潮流中,大学的经济问题及其生存之道,而忽略了全球化对各国大学教育的文化挑战——在全球化主流文化与价值观的冲刷之下,亚、非、拉各国大学教育面临本土文化的流失与发展之问题。所以,最近有教育学家呼吁:在全球潮流中,高等教育应进行一种"典范的转移"(paradigm shift),也就是从传统的在地学习的"典范"移向一种"三合一"的学习"典范",力求"全球化"、"在地化"与"个人化"结合的所谓"脉络化的多元智能"(contextualized multiple intelligence,CMI)的教育。①

这个问题在海峡两岸都加入世界贸易组织(WTO)之后,更是日益严重。英语在海峡两岸大学教育中的重要性与日俱增乃是不争之事实。台湾教育当局以英语授课课程之多寡,作为衡量大学"国际化"程度的指标。大陆的大学之追求以英语为中心的"国际化"的脚步,较之于台湾也不遑多让,不仅高等院校强调英语教学,大陆的教育部更与美国耶鲁大学合作,在2004年8月为重要的大学校长或领导阶层人员,进行为期两周的高阶大学领导学程(Advanced University Leadership Program)的训练。② 这类训练学程固然有其优点,可以使改革开放后的中国高等教育更容易与世界接轨,但是,过度服从美国的模式,却不免造成中国大学的传统特色逐渐流失的危机。

(二) 市场经济造成大学教育"异化"的问题

正如前文所说,全球化意味着资本主义化。在全球化的资本主义市场经济主导之下,大学教育逐渐走向"自我异化"的道路。也就是说,大学通过教学与研究活动,逐渐转化成与大学之本质目的之对立物。在资本主义价值观的冲击之下,大学不再以探索真理为最高目的,大学逐渐成为知识经济时代的创新育成工厂。

---

① Yin Cheong Cheng, "Paradigm Shift in Higher Education: Globalization, Localization, and Individualization", Paper presented at the Ford Foundation Conference on "Innovations in African Higher Education", Nairobi, Kenya, October 1—3, 2001.

② 参见:*Yale Bulletin & Calendar*, March 19, 2004, Volume 32, Number 22, http://www.yale.edu/opa/yb&c/story100.html。

大学的"自我异化"使大学所提供的教育成为片面的教育,是为资本主义世界工厂的生产与再生产提供职业训练的教育。所谓"全人教育"在这种大学"自我异化"的现实状况之下,早成为绝响。

四、大学通识教育的新策略

因应上述全球化时代大学通识教育的新挑战,我认为21世纪大学通识教育可以采取以下的新策略:

(一) 经典教育的提升

我们在上文中说过,全球化趋势固然使"地球村"成为可能,但是,却也使得愈来愈多的青年成为"无根的一代"。许多青年在全球化时代的价值潮流中载浮载沉,他们成为"一度空间的人"。他们经由手机或网络等现代科技而与同时代的人沟通太多,但与异时代的中外伟大心灵沟通太少。

为了针对上述问题而有所弥补,大学通识教育应大力提倡古今中外重要经典著作的研读与讨论,引导学生亲近经典中的思想世界与价值世界,使他们可以携古人之手,与古人偕行,与经典作者一起思考深刻而永恒的问题。经典教育的推动,可以使学生在全球化浪潮中,找到一个价值的立足点,使他们在时代变局的风狂雨骤中立得定脚跟,不至于随波逐流,甚至惨遭灭顶。

正如我过去所建议的,我们可以设计讲授柏拉图、奥古斯丁、莎士比亚、黑格尔、康德、马克思、海耶克,或孔子、孟子、荀子、老子、庄子、韩非子、《史记》、《六祖坛经》、《金刚经》、《妙法莲华经》、《近思录》、《传习录》等经典性作品为主的通识教育课程,以增益学生思考人类文化重大问题时的文化资源与时间意识。伟大的经典都是中西文化史上伟大心灵对话的纪录,这种以经典研讨作为通识教育课程的教学方式,不仅可以促使学生对中西文化基本课题有所涉猎思考,也可以在日趋专业化以至难以对话的现代大学校园中,为全体师生提供某种思考的共同基础。至于教学方式,我们可以以中西文化中常见的主题或所谓"问题意识"作为选择经典教材的依据,选取中西文化经典的相关材料进行教学。这种主题或"问题意识"甚多,较为重要的如"真"、"善"、"美"、"自由"、"平等"、"正义"、"和同之辨"、"身心关系"等,这类主题在中西文化经典作品中都一再被提出、被反省,如果教师善加选择,组成教材,以模组(module)方式教学,当可获得相当的教学成果。这种所谓"模组"的教材设计,就是督促学生深入阅读环绕着同一主题的相关经典作品的重要篇章,尝一脔而知全鼎。①

(二)中华文化与东亚文化教育的加强

全球化的重要趋势之一,就是世界各地的趋同化。但是,这种趋同化的实质则是西方强势国家对非西方国家的支配。在大学教育领域中,英语作为学术的世界语及其所衍生的"文化霸权",特别值得亚洲知识分子审慎思考。

长期以来,亚洲国家的大学教育所传递的,基本上都是近代西方的主流价值观与世界观。第二次世界大战以后,全球化的趋势更是使亚洲国家的大学教育与亚洲的文化传统渐行渐远。

针对亚洲国家所出现的教育内涵失衡的问题,我们迫切需要在大学通识教育中加强东亚文化教育尤其是中华文化教育,以开拓大学生在全球化时代中的东亚视域。所谓"从亚洲出发思考"②,确实是21世纪东亚地区的大学通识教育值得努力的一个新方向。③

(三)STS(Science,Technology and Society)通识课程的推动

全球化的实质意义是西方国家居于全球化的中心地位,对于居于边陲

---

① 黄俊杰:《大学通识教育的理念与实践》,台北:台湾通识教育学会2003年修订三版,第215、219页。
② 参看:沟口雄三等编:《アジアから考える》,东京:东京大学出版会1993年版。
③ 台湾大学自2001年起设立东亚文明研究中心,针对东亚文明研究有所着力,参见:http://www.eastasia.ntu.edu.tw。

地位的非西方国家肆行宰制与剥削。因此,全球化的效应之一,就是西方近代"启蒙文明"(Enlightenment)的世界观与价值观,向全球各地扩散并发挥影响力,于是,近代西方科技在"理性"的表象之下所潜藏巨大的"非理性",也拜全球化之赐而向全球扩张,造成诸多负面效应。能源危机、环境污染等问题,仅系其荦荦大者而已。近代科技所造成的问题,已经使人类面临能否永续生存之挑战。

针对近代西方"启蒙文明"中的"自我摧毁性"①,我们有必要在大学通识教育课程中重视并研发具有 STS 精神与内涵的新课程。举例言之,我们可以规划设计《人与自然:传统与现代》通识课程,引导学生深入思考近代科技所带来的人对大自然的破坏及其所衍生的问题②,并从中西文化传统中汲取现代的灵感,启发学生在 21 世纪如何与大自然重建和谐的关系。

五、结　　论

从本章对全球化时代的发展趋势及其对大学通识教育之新挑战的探讨,我们可以发现:21 世纪大学通识教育,必须因应全球化的挑战而进行新的课程研发,采取新的教学策略。我们主张:回归经典的思想世界,并深耕东亚文化教育,当是在多元文化相激相荡的全球化时代中,使东亚地区的大学生灵根自植,使学生成为有本有源的新时代东亚知识分子的有效策略,而推动具有 STS 精神与内涵的通识课程,则有助于他们思考全球化潮流中近代西方主流价值的诸多复杂而深刻的问题。

展望 21 世纪,大学通识教育是迈向"全人教育"理想的重要教学领域。大学教育不应只是为 21 世纪资本主义市场经济培训后备部队,因此,思考导向的通识教育在 21 世纪海峡两岸大学教育改革中,实占极重要之地位。

其次,21 世纪新时代所需要的人才是一种具备批判思考能力与创新能

---

① Max Horkheimer and Thedor W. Adorno, *Dialectics of Englightenment* (New York: Continuum, 1982).
② Rachel Carson, *Silent Spring* (Boston: Houghton Mifflin Co., 1962)及 Frank Graham, Jr., *Since Silent Spring* (Boston: Houghton Mifflin Company, 1970)对这些问题有所思考。

力的人才,联合国教科文组织展望21世纪高等教育的愿景时,就强调这种能力。[①] 而这种人才培育的愿景,只有在批判思考导向的优质通识课程中才能获得实现。让我们群策群力,共同为提升大学通识教育而努力。

[①] World Declaration on Higher Education in the Twenty-First Century: Vision and Action, Article 9: "Innovative Educational Approach: Critical Thinking and Creativity." (UNESCO, 9, October, 1998), http://unesdoc.unesco.org/images/1100/001138/113878eb.pdf.

第三章 从全球化与本土化激荡的脉络论大学通识教育中的公民教育

一、引　　言

近 20 年来海峡两岸高等院校推动通识教育的改革不遗余力。在风起云涌的各种教育改革与课程规划之中,最能具体彰显全球化与本土化这两大潮流的激荡及其紧张性的,莫过于公民教育这个领域之下的各种通识教育课程。

公民教育在 21 世纪海峡两岸高等院校教育改革中,之所以居于特殊的重要性,乃是因为公民教育领域诸课程突显了全球化与本土化之间的紧张关系。这种紧张关系集中表现在西方价值理念与东亚价值理念之间的冲突,以及作为东亚国家公民与作为世界公民之间的矛盾之上,值得关心大学通识教育的人士深思,并筹谋对策。

在本书第一及第二章,宏观地探讨全球化时代的大学与大学通识教育面临的问题之后,本章接着分析 21 世纪海峡两岸大学通识教育中,"公民教育"教学实务中全球化与本土化之紧张性问题;探讨紧张性形成之原因;并分析如何在"公民教育"教学实务中舒解或消融这种紧张性。

二、21世纪大学通识教育中公民教育的问题及其本质

21世纪中华文化圈中的高等院校公民教育,在全球化与本土化的激荡之下,出现许多教学实务上的问题。这些问题的表象,集中在全球化与本土化之紧张性之上,但深入分析这些问题的本质就可以发现,这些问题的本质实潜藏在西方文化价值对东亚各国教育的支配之中。我们依序探讨问题的表象与本质。

(一) 问题的表象

海峡两岸高等院校通识教育中,公民教育之教学内涵的本土面向与全球面向,确实存在着某种紧张性。举例言之,在台湾地区高等院校的公民教育领域中,常常开授的课程是"宪法与立国精神"这门课。这门课程中所讲授的宪政原理主要源出于近代西方历史经验,而为欧陆近代政治思想大师及美国开国诸元勋所论述,而成为全球性的、普世性的价值,构成"宪法与立国精神"这门课的全球性面向。但是,海峡两岸的"宪法"具体条文,未必完全一一符合上述源出于西方经验的宪政原理与价值理念。于是,"全球的"与"本土的"因素,遂在这个课程的教学实务中,不可避免地形成某种紧张关系。这种情形在"市场经济与经济人权"之类的课程中,也常常会发生。

这种所谓"本土性"与"全球性"之间的紧张关系,其实并不是作为两个抽象概念的"本土性"与"全球性"之间的冲突,而是当这两个概念落实到具体而特殊的人身上时才出现紧张关系。质言之,也就是受教育者作为特定国家的公民,与作为普世价值的接受者之间的紧张性。

受教育者作为国家的公民,所涉及的是"政治认同"问题;但是,受教育者作为普世价值的接受者与实践者,则触及个人的"文化认同"问题。"政治认同"与"文化认同"两者虽然有其高度重叠性,但是却也有其明确的分际。所谓"政治认同"是指人的"政治自我"(political self)的一种表现。人

是政治的动物,必须营求群体之生活,人必须决定他(她)属于哪一个政治团体(如国家),以对该政治团体尽义务(如纳税、服兵役)换取个人生命财产之安全与保障,这就是"政治认同"。但是,在决定一个人的"政治认同"的诸多因素中,较具影响力的常常是短期而后天的因素如政治经济之共同利益、人身安全之保护等。

所谓"文化认同"可视为人的"文化自我"(cultural self)的一种表现。人不仅仅是"政治人"(Homo Politicus),也不仅仅是"经济人"(Homo Economicus),人生活于复杂而悠久的文化网络之中,人是一种活生生的"文化人"。换言之,人生而被文化网络所浸润,因而吸纳其所从出的文化系统之价值观与世界观,认同于他所从出的文化,此之谓"文化认同"。这种"文化认同"常是决定于长期性的、抽象性的、不因短期利益而改变的风俗习惯、生命礼俗、伦理价值等因素。这种先于个人而长期存在的文化价值,既塑造"个人",但又同时被"个人"所继承、所创造。

我们以日本思想史为例阐释"文化认同"与"政治认同"的差异。从德川(1600—1868)初期儒者林罗山(1586—1657)以降,许多日本儒者心仪中华文化,遥契儒家经典,以儒家价值为其"文化认同"之对象,但是他们身处日本,身为日本人,他们的"政治认同"在日本而不在中国,所以"政治认同"与"文化认同"之间,常出现紧张性,从而出现日本儒者的文化的与政治的"主体性"之安顿的问题。为了说明作为国家公民的日本儒者与作为普世价值接受者的日本儒者之间的冲突,我想引用朱子学派儒者山崎暗斋(1619—1682)与门生的一段有趣的对话:①

〔山崎暗斋〕尝问群弟子曰:"方今彼邦,以孔子为大将,孟子为副将,率数万骑来攻我邦,则吾党学孔孟之道者为之如何?"弟子咸不能答,曰:"小子不知所为,愿闻其说。"曰:"不幸关逢此厄,则吾党身披坚,手执锐,与之一战而擒孔孟,以报国恩,此即孔孟之道也。"

这一段对话虽然是假设性的问题,但是,却以最鲜明的方式,彰显出作为日本人与作为儒家价值接受者,如果处于中日战争的特殊情境时,所面临的困境。山崎暗斋不愧为一代儒学大师,他重新诠释孔孟之道,认为孔子会将"政治认同"置于"文化认同"之上。所以,日本人面临如果孔孟入侵日

---

① 原念斋:《先哲丛谈》卷3,江户:庆元堂、拥万堂文化13年(1816)年版,第4页下半页—5页上半页。

本时,应"与之一战而擒孔孟,以报国恩"。

这种将"政治认同"置于"文化认同"之上以解决两者之矛盾的解决方式,在19世纪日本国家意识大兴之后更是屡见不鲜。幕末儒者高松芳孙在1834年(日本天保5年)就强调:中国的孔子之道之所以能够大行于日本,乃是因为日本的神裔皇统的怀护。高松芳孙说:①

> 繄吾神州也,从开辟而至轶今,巍巍乎保定古道焉,惶惶大祖帝庙,昭昭神裔皇统,是与相比,其威云輒然存于今日矣。当知孔子之道长荣昌者,盖必所以在吾大祖神明之感赏其忠诚,而孔灵亦能怀护吾皇裔也。

以上这一段话很具体地显示:当作为日本国民的日本儒者,与作为儒家价值接受者的日本儒者发生冲突时,他仍会将"政治认同"置于"文化认同"之上,并从这个立场解消两者之间的张力。

我们在上文中以德川时代日本儒者为例,阐释知识分子的"政治的自我"与"文化的自我",在某些特定时空或情境之中,常会发生碰撞甚至冲突的情形。这种情形在当前华人社会中的公民教育里,不论是在教育理念上还是教学实务上,更是常常发生。在执行教学实务时,许多教师常会自问:公民教育的目标是培养爱国的公民还是地球村的世界公民?因为对这个问题的态度不同,所以,同样的课程就可能出现互异的教育内容与方法。

(二) 问题的本质

但是,这种"政治的自我"与"文化的自我"在亚洲各国的公民教育中的紧张的问题,却远比以上所陈述的表象更为复杂。

我们如果再深入思考,就会发现:这个问题的本质其实是近代西方的价值理念(尤其是政治思想),随着最近150年来西方国家之成为军事、政治、经济霸权,而支配亚、非、拉国家的教育所产生的问题。当代美国政治

---

① 高松芳孙:《论语稣言》,天保5年抄本,未刊,现藏日本东京都立中央图书馆"井上文库"468号。

学家亨廷顿(Samuel P. Huntington)论述 21 世纪诸文明冲突的可能性时就说:①

  20 世纪重要的政治思想包括自由主义、社会主义、无政府主义、社团主义、马克思主义、社会主义、保守主义、民族主义、法西斯主义和基督教民主主义。他们都有一个共同点:他们是西方文明的产物。其他文明并未出现重要的政治意识形态;但西方也一直未能产生一个重要的宗教。世界上重要的宗教都是非西方文明的产物,而且大部分发生于西方文明之前。随着世界走出西方阶段,代表西方文明晚期式微的意识形态及其地位,已经为以宗教和其他文化为基础的认同和承诺形式所取代。……西方所引发的文明内部的政治理念冲突,已经为文化和宗教等文明间的冲突取代。

亨廷顿以冷战时代的思维论述 21 世纪文明间的冲突,以及对儒家文明充满误解,都有待批判②,但是,亨廷顿指出 20 世纪政治思想主流都源出于近代西方世界,则完全正确。这些政治思想与价值理念,随着最近一百多年来欧美强权对亚洲的侵略与宰制,而不折不扣地成为葛兰西(Antonio Gramsci,1891—1937)所说的"文化霸权"。③ 包括海峡两岸的华人社会在内的亚洲各国高等院校,所讲授的公民教育课程中所传授的政治理念与价值,正是以近代西方政治思想为主要内容。这种价值理念与政治思想,常与亚洲各国文化传统与政治现实有其落差,因而造成亚洲国家公民教育的困难。

  我们以高等院校公民教育课程之中常常触及的"国家"与"人权"这两个重要概念为例,说明近代西方政治理念与东亚传统文化的冲突。在西方社会科学论述中所谓的"国家"这个概念是由同质性的空间切割而成的概

---

 ① Samuel P. Huntington, *The Clash of Civilizations and the Remaking of the World Order* (New York: Simon and Schuster,1996),中译本:亨廷顿著:《文明冲突与世界秩序的重建》,黄裕美译,台北:联经出版公司 1997 年版,中文引文见第 50—51 页。
 ② 对亨氏的理论的评论,另详拙作:Chun-chieh Hang, "A Confucian Critique of Samuel P. Huntington's Clash of Civilizations",刊于 *East Asia: An International Quarterly*, Vol. 16, No. 1—2 (Spring/Summer, 1997), pp. 146—153。
 ③ 参看葛兰西的文选:Antonio Gramsci, *Selections from Political Writings*, 1910—1920 (Minneapolis: University of Minnesota Press, 1990); Quintin Hoare and Geoffrey Nowell Smith, *Selections from the Prison Notebooks of Antonio Gramsci* (London: Lawrence & Wishart, 1996); Antonio Gramsci, *Selections from Cultural Writings* (Cambridge, Mass.: Harvard University Press, 1985)。

念,但正如石之瑜所说,中国社会科学者"心目中的国家不是主权疆域,而是一种伦理导向的人际关系,国与家之间是连续的,不像欧美那样是断裂的"①,所以,中外社会科学学者研究中国的"国家"概念时常有扞格之处。我想更进一步指出的是:西方社会科学界不论是右派还是左派学者对"国家"的定义,都充满了各种断裂的空间或组成部分之间某种"对抗的"氛围。例如,黑格尔(G. W. F. Hegel, 1770—1831)认为国家是社会普遍利益的体现,凌驾于特殊利益之上,因此能够克服市民社会与国家的分裂,以及个人作为私人和市民之间的分裂。但是,马克思(Karl H. Max, 1818—1883)批判上述看法,指出只有实行民主才能使国家维护普遍利益。而只有"政治解放"并不能带来"人类解放"。人类的解放需要对社会进行改造,这种改造的主要点就是消灭私有制。马克思与恩格斯(Friedrich Engels, 1820—1895)在《共产党宣言》中宣称:"现代的国家政权不过是管理整个资产阶级的共同事务的委员会罢了。"②此外,西方右派社会科学者则强调"国家"(state)不是"政府"(government),在民主政治中"政府"屡变,而"国家"依旧。"国家"也不是"民间社会"(civil society),因为"国家"包括军警机构、民意机关等,但作为"民间社会"的政党并不是"国家"之一部分。在西方社会科学理论中,"国家"的概念因为诸多空间的切割、断裂或对抗而获得突显。但是,在中国历史文化传统中,"国家"作为"文化认同"(cultural identity)的意义却远大于作为"政治认同"(political identity)的意义。明末清初大儒顾炎武(亭林,1613—1682)说:③

> 有亡国,有亡天下。亡国与亡天下奚辨?曰:易姓改号,谓之亡国。仁义充塞,而至于率兽食人,人将相食,谓之亡天下。

顾炎武这段话中所谓"天下"是指"文化认同",所谓"国"是指"政治认同",他认为前者较后者重要。在中国文化传统中,"国家"是一种文化传承的民族共业,而不只是由一套权利义务所规范的契约关系而已。社会科学家如果能够深入中国历史经验,他们思考"国家"这个社会科学重要概念时,将更为周延、更为深刻。

接着,我们再以"人权"这个价值理念为例,说明近代西方与东亚传统

---

① 石之瑜:《政治学的知识脉络》,台北:五南图书出版公司2001年版,第15—16页。
② 《马克思恩格斯选集》第1卷,北京:人民出版社1972年版,第253页。
③ 顾炎武:《原抄本日知录》卷17,台北:明伦出版社1970年版,第379页。

的差距。当代社会科学界及国际政治界所谈论的"人权"概念,其实是近代西方文明的产物。我最近在另一篇文章中曾说明:①现代的人权观是一种权利本位的道德价值(Right-based morality),所强调的是个人的权利(Rights)的合法性与不可剥夺性。"人权"这项价值是现代国家中公民对抗国家权力的天赋的利器,是人与生俱来不可剥夺的权利。因此"人权"这项价值理念,常常是在个人与国家对抗的脉络中被论述的。相对于上述源自近代西方文明的现代"人权"理念,传统中国文化中有以下两个方面对于现代的"人权"理念具有相当的参考价值:第一,传统中国文化中"人权"的价值观是一种德行本位的道德价值(Virtue-based morality),中国人所强调的是人与生俱来的责任(Duty)的不可逃避性。人因其身份而有不可逃避的责任如父慈、子孝等,这种责任不仅存在于现实的社会政治世界中,而且它也有深厚的宇宙论的根据,它是"天"所赋予人的不可逃避的天职。第二,传统中国文化中所强调的是人依其职位而有其相应的应尽的职分,而不是如近代西方所强调的契约关系。传统中国的政治思想世界中所强调的是人之反求诸己,每个人尽其职分,而不是人与国家透过契约关系的成立而让渡属于个人的部分权利以换取国家公权力的保护。以上这两种传统中国的价值观——责任重于权利、职分先于契约,都与传统中国的联系性思维方式有深刻的关系,而可以丰富社会科学中的"人权"概念的内涵。

从以上所说"国家"与"人权"这两个在大学公民教育课程里极为重要的概念中所潜藏的中西文化冲突,我们就可以看出:东亚国家高等院校的公民教育课程之内容,恐怕不能完全采取"横面的移植"的方法,照搬近代西方的政治思想与价值理念,而必须在相当程度内对东亚文化传统进行"纵面的继承",如此才能达到中西融会、古今贯通的理想的公民教育的新境界。

---

① 参看:Chun-chieh Huang,"Human Rights as Heavenly Duty—A Mencian Perspective", *Journal of Humanities East/West* (Tao-yüan: College of Liberal Arts, National Central University), Vol. 14 (Dec., 1996);黄俊杰:《儒学与人权:古典孟子学的观点》,收入刘述先编:《儒学思想与现代世界》,台北:中央研究院中国文化哲学研究所筹备处 1997 年版,第 33—56 页;并参考 Heiner Roetz,"Confucianism and Some Questions of Human Rights",收入:刘述先、林月惠主编:《现代儒家与东亚文明:问题与展望》,台北:中央研究院中国文哲研究所 2002 年版,第 155—182 页。

三、公民教育问题形成的原因

现在,我们进一步探讨海峡两岸的大学公民教育,之所以出现西方价值与东亚传统格格不入的原因。造成这种现象的原因当然很多,不易一言以蔽之,但是以下两项是决定性的因素:

(一) 西方近代社会科学理论的建构常常忽略中国经验

包括公民教育的诸多理论在内的西方近代社会科学理论,基本上是以西方历史经验作为素材而建构,很少或根本未尝将东亚特别是中国悠久的历史经验纳入考虑,因此,这些社会科学理论终不能免于一偏之见,而使中国经验成为理论的例外。但是,值得我们深入思考的是:西方近代社会科学挟近代西方列强船坚炮利之威势,不但长驱直入亚洲知识界与教育界,而且寖寖然成为全球普遍的真理。正如张光直(1931—2001)所说:[①]

> 在大半个世纪中支配全球一半人口的史观的是西方的马克思与恩格斯的理论;讲社会结构要读韦伯与列维·斯特劳思;讲语言要引福柯和强姆斯奇;每年一个经济学的诺贝尔奖金得奖者没有研究中国经济的;美术史的理论中心一直在欧洲。

数十年来海峡两岸中文学术界流行的女性主义、后现代主义、后殖民主义等学说,莫不是源出西方社会而由欧美学人所论述,再经由美国学术界的影响力以及留美青壮学人的引介,而成为亚洲各国学术界流行的学说。我们尚未看到中国人文社会科学工作者,以时间悠久而内涵丰富的中国历史经验作为基础,而在社会科学领域中提出重大而基本的命题、学说或理论。因此,海峡两岸高等院校所开授包括公民教育在内的诸多社会科学课程,自然就因之而不免有所偏颇。

其实,20世纪中国学者对于这种中西失衡的偏颇,也要负一部分的责

[①] 张光直:《中国人文社会科学该跻身世界主流》,载《亚洲周刊》(香港),1994年7月10日,第64页。

任。20世纪中国知识界多半认为西方社会科学理论与中国学术之间,有其矛盾之关系。20世纪哲学家熊十力(子贞,1885—1968)认为西方社会学说不适用于中国历史研究。① 相反的,思想史家侯外庐宣称他"主张把中国古代的散沙般的资料,和历史学的古代发展法则,作一个正确的统一研究。从一般的意义上言,这是新历史学的古代法则的中国化,从引申发展上言,这是氏族、财产、国家诸问题的中国版延长"②。侯外庐的《中国古代社会史》确实是企图以中国历史经验作为马恩理论的亚洲版本之注脚。这些针锋相对的意见隐约间指出:西方社会科学理论与中国历史经验之间存有某种紧张性,不是中国屈从西方社会科学理论,就是完全将中国经验视为社会科学普遍理论的例外。

值得令人欣喜的是,近20年来欧美社会科学界逐渐体认:社会科学理论的建构,必须将中国历史经验纳入考虑,以丰富理论的内涵。近年来愈来愈多西方社会科学家对这一点颇为重视,我们举美国的社会学家史柯普(Theda Skocpol)为例加以说明。史柯普研究的主题是近代世界史上的"社会革命"(social revolution),她所谓的"社会革命"是指某一个社会中"国家"或阶级结构之快速而基本的转变。她主张,对这种"社会革命"的分析,必须采取结构的观点,并特别注意革命的国际脉络,以及导致旧政权瓦解新政权建立的国内因素。她主张"比较的历史分析"是最适当的研究方法。史柯普的书就从国家结构、国际力量以及阶级关系入手,分析1787年到1800年代的法国大革命、1917年到1930年代的俄国革命,以及1911年到1960年代的中国革命。③ 在西方社会科学界,虽然早在1853年5月,马克思(Karl Marx,1818—1883)已经将中国革命与欧洲革命放在一起思考,马克思说:"中国革命将把火星抛到现今工业体系这个火药装得足而又足的地雷上,把酝酿已久的普遍危机引爆,这个普遍危机一扩展到国外,紧接而来的将是欧洲大陆的政治革命。"④但到1960年代以后,西方社会科学家才比较全面地注意中国历史经验对社会科学理论的重要性。例如摩尔

---

① 熊十力:《读经示要》卷2,台北:广文书局1970年版,第67—68页。
② 侯外庐:《中国古代社会史》,上海:中国学术研究所1948年版,《自序》。
③ Theda Skocpol, *States and Social Revolutions: A Comparative Analysis of France, Russia, and China* (London and New York: Cambridge University Press, 1979).
④ 马克思:《中国革命与欧洲革命》,收入:《马克思恩格斯论中国》,北京:人民出版社1997年版,引文见第6页。

(Barrington Moore)就是一个具有代表性的学者。① 史柯普的书在1979年问世,她是近30年来具有代表性的另一位社会学家。

史柯普将法国、俄国与中国革命的经验,放在比较的视野中加以分析,提出许多创见,对马克思与列宁(Vladimir Lenin,1870—1924)的许多学说,既加以吸纳融会,而又提出修正。全书论述引人入胜。史柯普从中、俄、法三国的历史经验指出,"国家"虽然是一种行政的与强制性的组织,但是,"国家"常常具有某种潜在的"自主性",而不受阶级的控制。她认为在分析"社会革命"时,必须充分注意这一点。史柯普的书之所以能在这三大革命的历史事实中提炼理论,主要可以说得力于她在西方历史经验之外,再将中国经验纳入考虑,从而在三个革命经验中既求其同,又见其异。从史柯普的例子,我们看到了中国经验在建构社会科学理论时,所扮演的重要角色。

(二) 最近150年来中国人苦难的历史经验导致民族主义的昂扬

当前海峡两岸公民教育之所以出现本土现实与西方价值理念之间形成张力的现象,第二个原因实植根于近150年来海峡两岸中国人都以血和泪写近现代史这项事实。19世纪中叶鸦片战争以后,中国成为西方列强的俎上鱼肉,中国人从19世纪中叶到20世纪中叶的百年之间,饱受列强凌虐与战火洗劫。中国近代史是一部血泪交织的苦难史。台湾从1895年以后,在日本帝国主义者统治之下长达51年,51年的异族殖民统治,使"台湾人要出头天"的情绪高度昂扬。

在上述的特殊历史背景之下,海峡两岸公民教育的教学内容,常常有相当大的成分来自于爱国主义或民族主义情绪,因而与民主宪政等源出于近代西方世界的普世价值之间,产生某种紧张性。

其实,不仅是近百年来饱受帝国主义侵凌的华人社会如此,即使是在后冷战时代中已经成为世界新霸权的美国,国内民族主义情绪也十分高涨,并渗透到各级学校的教育之中,"9·11"纽约恐怖攻击事件以后美国的

---

① Barrington Moore, *Social Origins of Dictatorship and Democracy: Lord and Peasant in the Making of the Modern World* (Boston: Beacon Press, 1966).

民族主义与爱国情绪更是如日中天。事实上,当前美国知识界的许多知名人物就一再痛斥多元文化论(multi-culturalism)者削弱了美国的"文化认同"与"政治认同",例如亨廷顿就说:①

> 美国面临比较立即而危险的挑战。综观历史,美国的国家认同,在文化上一向由西方文明的传统所界定,政治上则由大多数美国人所同意的信念,像自由、民主、个人主义、法律之前人人平等、宪政体制、私有财产所主导。在20世纪末,美国定位的这两大要素,不断遭到少数有影响力的知识分子和政论家密集而持续的攻击。他们假多元文化之名,抨击美国和西方文明认同,并否认美国有任何共同文化,而鼓吹种族、族群和其他次国家的文化认同和团体。套一句他们自己的报导所用的字眼,他们谴责教育有系统地偏向"欧洲文化及其衍生物",及"欧洲—美国单一文化观点的垄断"。

亨廷顿更重申国家利益从国家认同中衍生,他在1997年很忧心美国因为没有敌人的威胁,所以认同感逐渐崩解。他认为,美国认同感的崩解,受到多元文化论与同化论的影响而雪上加霜。他呼吁,美国应再度强力介入全球事务。② 管理学著名学者彼得·德鲁克(Peter F. Drucker)也撰文强调在全球化时代的经济活动中,"民族国家"(nation state)仍展现其坚韧的主导力量,尤其是在国内财政与货币政策、国外经济政策以及国际商务等领域更是如此。③

以上所说的不论是基于国家利益的考量,还是着眼于民族国家在经济领域的持续影响力,在21世纪各国的公民教育中,民族主义或国情因素,都仍将占有相当大的分量。这一种状况在民族主义情绪高昂的海峡两岸高等院校公民教育中更是如此。

---

① 亨廷顿:前引《文明冲突与世界秩序的重建》,第426页。
② Samuel P. Huntington, "The Erosion of American National Interests", *Foreign Affairs*, Vol. 76, No. 5 (Sep.-Oct., 1997, 75th Anniversary Issue), pp. 28—49.
③ Peter F. Drucker, "The Global Economy and the Nation State", *Foreign Affairs*, Vol. 76, No. 5, pp. 159—171.

四、迈向公民教育的新境界:植根本土,放眼全球

在以上各节论述的基础之上,我们现在可以进而讨论高等院校公民教育的理念与教学实务的提升。整体而言,我认为,公民教育不论在教育理念或教学实务上,都需要开发并拓深本土文化传统的资源,并溶入大中华社会经济圈现实状况的关怀,才能使 21 世纪海峡两岸高等院校的公民教育,迈向新的境界。

(一) 开发并拓深本土文化传统的资源

从亚洲国家立场出发思考[①],高等院校的公民教育无论如何不能只从全球化角度规划教学内容。我们必须在公民教育课程的教学之中,在讲授源自近代西方而成为全球价值的"民主"、"人权"、"自由主义"、"平等主义"、"个人主义"等价值理念时,与东亚尤其是中华文明所孕育的价值传统,互相发明。我在这里并不是鼓吹在 21 世纪经由公民教育而培养具有新义和团心态的大学生。恰恰相反,我是有见于当前高等院校公民教育所传授的基本上是西方近代政治思想与价值理念,而过度忽略东亚文化特别是中华文化传统的思想资源。这种中西失衡、新旧失调的教学状况,有待于我们深入挖掘自己的文化传统,开发其 21 世纪的新意义,并适度地融入公民教育课程之中。

(二) 将本土社会现实状况融入教学内容之中

公民教育课程以最鲜明的方式触及人之存在的时空性、具体性与脉络性。人是活生生参与生产劳动的人,人不是作为范畴的抽象的存在这项特

---

① 近年有一些日本的中国研究者撰文并标榜"从亚洲思考"的立场,参看:沟口雄三编:《アジアから考える》,东京:东京大学出版会 1993—1994 年版。

质,也在公民教育课程中彰显无遗。因此之故,公民教育课程所教授的内容应该不仅是与"公民资格"(citizenship)①相关的抽象概念的推衍而已。公民教育的实施与"公民社会"(civil society)的建构不但无法切割,而且密切相关。② 谈到"公民社会"的建构,各级学校的教育内容极为重要,学校可以视为"民主的实验室"。③ 因此,高等院校为了将"民主的实验室"的特性发挥至极致,公民教育课程的内容应大量融入本地的社会、政治、经济、文化的现实状况,并在公民教育的理念与本地的现实之间,保持一个动态的互动关系。

举例言之,海峡两岸社会在21世纪开始之际面临诸多社会经济问题,其中最为引人注目的就是贫富阶级的差异日益加深这个现象。以台湾社会而言,根据最新(2001年度)统计,台湾个人所得最高族群(前1/10),其所得金额是最低族群(后1/10)的63倍之多,这个倍数创下历史新高。一年前(2000年),这个差距倍数为近39倍,而十年前(1991年)更仅为19倍。所有台大学生里,来自台北县市的比率占57.6%,至于苗栗县、嘉义县、花莲县、新竹县、台东县等则都低于1%。④ 就大陆的情形而言,统计资料显示,全大陆最高收入户与最低收入户的差距,在1998年是4.4倍,1999年是4.5倍,2000年是5倍,到2001年是5.3倍。⑤ 由此可见,贫富差距拉大,正是海峡两岸华人社会随着全球化、知识经济以及高科技发展而来的重大问题。中国大陆问题更为严重,包括东西部发展失衡问题以及城乡差距问题,都是大学公民教育必须触及的重大社会经济现象。在公民教育课程中,如能将诸如"公平"、"正义"、"经济人权"等公民社会价值理念,与上述具体的社会经济现实状况扣在一起,引导学生研究深思,必能引导公民教育提升到一个新的境界。

---

① J. M. Barbalet, *Citizenship* (Buckingham: Open University Press, 1988),中译本:谈谷铮译:《公民资格》,台北:桂冠图书公司1997年版。
② Murry Print, James Ellichson-Brown and Abdul Razak Baginda, *Civic Education for Civil Society* (London: Asean Academic Press, 1999).
③ Walter C. Parker, "Introduction: School as Laboratory of Democracy", in Walter C. Parker ed., *Educating the Democratic Mind* (Albany: State University of New York Press, 1996), pp. 1—22.
④ 郭奕玲:《一个台湾·两个世界》,http://magazines.sina.com.tw/businessweekly/contents/800/800-001_1.html。
⑤ 《天下杂志》,272期,2003年4月1日,第89页。

五、结　　论

全球化是 20 世纪下半叶以后不可遏止的历史潮流,诚如社会学家吉登斯(Anthony Giddens)所说,全球化是一种世界各地区之间的相互连结性(interconnectedness)大幅提升的生活方式。① 在全球化生活方式之中,一方面固然人员、资金、资讯、技术都快速流动,但是一方面也使得流行病如"严重急性呼吸系统综合症"(SARS)、恐怖活动如 2001 年的"9·11"事件、跨国犯罪集团如金三角的毒品走私贸易,也快速地在全球各地横行无阻。总之,全球化的生活方式,充满了机会,也充满了危机。

正因为全球化有利于强国、富国与大国对弱国、穷国与小国的压迫与压榨,所以,在全球化蔚为巨流之外,本土化潮流也逐渐壮大。亨廷顿就指出:"在 1980 和 1990 年代,非西方世界大力推行本土化。回教复苏和'再回教化'是回教社会的中心题旨。在印度,主要的潮流是拒斥西方的形式和价值,以及政治和社会'印度教化'。在东亚,政府正大力提倡儒家思想,政界和知识界领袖也谈到要把他们的国家'亚洲化'。1980 年代中期,日本高唱'日本和日本人理论'。"②展望未来,全球化与本土化的激荡,确实是 21 世纪的重要发展趋势。

本章扣紧全球化与本土化激荡的脉络,论证 21 世纪海峡两岸大中华社会中,高等院校的公民教育的新方向。我们在本章第二节分析当前华人社会中的公民教育,呈现全球化与本土化之间的紧张拉距关系。这个现象的本质其实正显示西方价值理念随着西方国家成为强权,而压迫非西方国家的教育。我们以公民教育必须深及的"国家"与"人权"这两大价值理念为例,分析在公民教育教学实务中,中华文化传统的价值理念常被忽略,所以,公民教育的内容呈现中西失衡的状态。

本章第三节分析造成海峡两岸高等院校公民教育中西失衡的原因有二:第一是西方社会科学理论缺乏中国经验的注入,第二是近 150 年来东亚历史经验之特殊性在于其被殖民与被侵略的血泪史,所以民族主义甚

---

① Anthony Giddens, *Beyond Left and Right: The Future of Radical Politics* (Cambridge: Polity Press, 1994), pp. 4—5.
② 亨廷顿:《文明冲突与世界秩序的重建》,第 116 页。

强,偶尔不免使公民教育所传递的普世价值受到扭曲。本章第四节呼吁迈向公民教育的新境界的策略在于"植根本土,放眼全球"。我们实施公民教育时,应兼顾"纵面的继承"与"横面的移植",并努力开发中华文化传统中的价值理念,厚植学生之本土文化资源,引导学生注意本土现实情况,将"本土关怀"与"全球视野"融为一体。

第四章 迈向21世纪大学通识教育的新境界:从普及到深化

一、引　　言

　　台湾的高等院校全面推动通识教育始于1984年9月。20年来,大学通识教育在许多学者的努力之下,已经从点滴蔚为潮流,成为当前台湾的大学教育改革的重要工作。流风所及,今日台湾的高等院校行政主管,一般都肯定通识教育在大学教育中的重要性。台湾通识教育学会在1999年及2001年在台湾教育当局的支持下,针对一般高等院校的通识教育展开访评工作之后,通识教育更趋普及,其意义也逐渐获得肯定。各高等院校也都设立通识教育中心或共同教育委员会等专责单位,负责推动通识教育的相关教育工作。从现有的成就来看,台湾的大学通识教育已经达到一个前所未有的高峰,但是,也站在一个历史的转折点。

　　展望21世纪,台湾的大学通识教育如果希望更上一层楼,就必须采取一个新的方向,这个新方向就是:从普及到深化。这个新方向是指:在最近20年来通识教育的重要性普遍获得肯定,通识教育课程在各大学校园普遍实施的基础之上,经由全校课程结构的改革、个别课程的设计与内容的创新等途径,而提升通识课程教学的深度与高度。本章的目的,在于分析大学通识教育"从普及到深化"的新方向所涉及的各种问题。本章第二节首先探讨大学通识教育的现况,并厘清所谓"深化"一词的涵义。第三节分析21世纪大学通识教育必须力求"深化"的理由。第四节阐释深化大学通识教育的具体策略。第五节指出结论性的看法。

二、大学通识教育的现况及"深化"的意义

盱衡大学通识教育在现阶段台湾的高等院校推行的状况,基本上已经达到"普及"的程度。所谓"普及"是指各高等院校中通识教育行政单位的普遍设立,以及通识课程的普遍开授。但是,在"普及"的发展趋势中,却也出现了课程的逸乐取向,甚至出现"反知识主义"的倾向,值得探讨。[①] 展望未来,通识教育必须从"普及"迈向"深化"。所谓"深化"是指加强通识课程的知识内涵与深度,"深化"一词的具体涵义有二:1. 课程内容必须回归人本身;2. 课程内容必须为"终身学习"奠基。我们接着阐释这两项论点。

(一)通识教育普及的现况

经过18年的提倡与推动,当前全台湾150余所高等院校,均已普遍设立协调推动通识教育的行政或教学单位,或设立"共同教育委员会"或"共通教育委员会"等单位,或设立"通识教育中心",或设立"共同科"或"共同课程组"等。整体而言,各高等院校的校长或教务主管,在口头上都肯定通识教育在大学教育中有其重要性,只是这种肯定常常未能在全校经费分配上具体落实。

其次,通识教育的普及化也表现在各高等院校内通识课程的大量开授这项事实之上。多数高等院校都将大学的通识课程加以分类,如"人文学"、"社会科学"、"生命科学"、"物质科学"等四大领域,供不同科系学生

[①] 1930及1940年代芝加哥大学校长、著名教育家赫钦斯(Robert M. Hutchins,1899—1977,曾在1929—1945年出任芝加哥大学校长)曾说,现代人都怀有一种"进步观念",认为事物的发展一代比一代更好,现代人所拥有的资讯、科学知识都比以前丰富,因此,现代人都勇于与过去决裂,其流弊所及遂在知识界形成一种"反智论"(anti-intellectualism),现代的大学其实是一个洋溢着反智论氛围的大学。参看:Robert Maynard Hutchins, *The Higher Learning in America* (New Haven: Yale University Press, 1936), pp. 24—27。赫钦斯的说法颇有见地,他所担心的现代大学的"反智论"倾向,在台湾地区的高等院校中似乎随着低品质的通识教育而逐渐传播开来,令人忧心。

交互自由选修。另外,也有若干学校以"核心通识"、"技能通识"、"情意通识"、"生活通识"的范畴,将课程加以分类,供学生选修。若干规模较大的学校,每学期所开授各种通识课程常常多达百余门,琳琅满目,学生选课时不仅目不暇接,甚至无所适从。

但是,在全面"普及"的表象之下,许多高等院校尤其是技职院校,却也出现许多问题,其荦荦大者如下:

1. 课程的知识承载度不足之问题。近年来许多高等院校所开授的通识课程颇有日趋逸乐化之倾向,例如有些通识课程在"户外教学"的名义之下,几乎已成为学生事务处课外活动组主办的课外活动,知识的内涵大幅降低。2001年教育当局与台湾通识教育学会访视科技大学通识教育时就发现这个现象,访视报告说:①

> 在"全人教育"的口号下,似乎过分着重生活情意与技能的培养,而忽略了大学教育应以知识的传承与发展为重心的特点。目前台湾的通识教育,这种知识传承与发展重视不足的现象相当普遍。

这种现象不仅在若干技职院校相当普遍,在一般高等院校中也是屡见不鲜,其主要原因仍在于对所谓"通识教育"的误解。有些学校行政主管或教师误将"通识教育"认为是休闲性、逸乐性的活动,完全忽略了"通识教育"的"教育"之本质乃在于启迪学生心智,开发学生思考能力,进而建构学生的主体性。这是第一个常见的问题。

2. 教学方法的问题。若干高等院校的通识课程,教学方法重视"形式思维"远过于"实质思维",因此,较不容易深入学生的心灵,激发学生思考能力,例如2001年度科技大学的访视委员就曾对这类形式主义的课程,提出以下意见说:②

> 从校方提供的"访视资料汇整",就课程大纲考察之,可以察觉这两门课授课老师用了相当心血规划。然而,作为全校"核心通识"的仅有的两门必修课,人们看不到它与其他通识课程的内在联系,亦无法分辨出这两门核心课的授课内容体现了该校通识教育的理念目标,抑或只是授课老师个人的心血结晶。要之,作为全校通识教育的核心课

---

① 台湾教育当局主办,台湾通识教育学会承办:《九十年度科技大学通识教育访视结果报告》(2001年10月),第63页。
② 同上书,第62页。

程,这两门课宜有更慎重周到的处理方式。另一个问题是:创造思考与解题能力是否适宜独立地讲授? 抑或融渗到不同的课程中? 这也许难有定论,但或许值得进一步探究。

这个问题诚然是通识课程以及所有课程教学上,极为重大而值得深入思考的问题。

20世纪著名哲学家波兰尼(Michael Polanyi,1891—1976)曾将各种学习方式分成三种类型,其中两种较为原始,分别来自于动物的能动性(motility)和感觉力(sentience),第三种则以智力的内隐运作(implicit operation of intelligence)的方式处理动物生活中的前两种机能。[①] 波兰尼认为只有第三种学习方式才能进入深层的"默会的层次"(tacit dimension)。波兰尼的说法一针见血地指出"形式主义思维"的问题,很值得我们在进行通识课程教学活动时作为参考。

3. 师资有待提升之问题:在通识教育全面普及的发展之下,第三个问题是开授通识课程的师资有待全面提升,这个问题在为数众多的技职院校更是当务之急。《九十年度科技大学通识教育访视结果报告》说:[②]

> 承袭专校的共同科转型为通识教育中心,除课程需转型外,更有许多讲师人数,其专长及等级相关的因素,亟待集思广益,作最佳的未来发展规划。

这个问题是台湾的高等院校的共同问题,但是在最近几年来在专科改制为学院、学院改制为大学的风潮中,这个问题的解决更为迫切。

(二)"深化"的含义

针对大学通识教育全面"普及"以后所出现的问题,21世纪台湾的大学通识教育必须从"普及"走向"深化"。所谓"深化"包括以下两层意义:

1. 回归人本身。针对若干通识课程日趋逸乐取向或实用取向的偏颇发展,我们所谓"深化"首先是指:通识课程的教学内容与教学目标,必须回

---

① Michael Polanyi, *Personal Knowledge: Toward a Post-Critical Philosophy* (Chicago: University of Chicago Press, 1958), pp.71—77.
② 《九十年度科技大学通识教育访视结果报告》,第44页。

归受教育者的主体性的建立之目标。我过去讨论"通识教育"的定义时曾说,所谓"通识教育"可以区分为两个层次:① 核心课程;② 一般课程,但是不论是前者或后者,都直接或间接地与"建立人的主体性,以完成人之自我解放,并与人所生存之人文及自然环境建立互为主体性之关系"这项教育目标有关。我们可以说,所谓"通识教育"就是一种建立人的主体性并与客观情境建立互为主体性关系的教育,也就是一种完成"人之觉醒"的教育。① 这种意义的"通识教育"必然都是一种启发心智、唤醒心灵的教育。包括"通识教育"在内的一切教育,必然都是以"心灵的觉醒"作为共同的基础。所谓"心迷法华转,心悟转法华",只有发自心灵深处的觉醒,一个人才能自觉地成为自己的主人,并负起最后的责任。② 这种以受教育者的主体性之建构作为目标的大学通识教育,必然具有基本性、主体性、多元性、整合性与穿越性,而拓展学生通达宽广的视野,养成学生好学深思的态度与民胞物与的胸襟。

这种以"回归人本身"为内容及目标的大学通识教育,其实是古往今来中西教育思想家的共识。《论语·学而》有"学而时习之,不亦说乎"一句,历代东亚儒家对"学"字各有不同的诠释,其中以明末大儒王守仁(阳明,1472—1529)的说法最能发人深省,《传习录》有以下一段对话:③

> 子仁问:"'学而时习之,不亦说乎?'先儒以学为效先觉之所为。如何?"先生曰:"学是学去人欲,存天理。从事于去人欲存天理,则自正诸先觉,考诸古训。自下许多问辩思索存省克治功夫。然不过欲去此心之人欲,存吾心之天理耳。若曰效先觉之所为,则只说得学中一件事。事亦似专求诸外了。'时习'者,'坐如尸',非专坐也。坐时习此心也。'立如斋',非专立也。立时习此心也。'说'是'理义之说我心'之'说'。人心本自说理义。如目本说色,耳本说声。唯为人欲所蔽所累,始有不说。今人欲日去,则理义日洽浃。安得不说?"

王阳明认为所谓"学",就是"学去人欲,存天理",用今日的言语来说,就是去除障蔽人心的各种外在力量,使受教育者回到心灵澄澈的原初素朴

---

① 黄俊杰:《大学通识教育的理念与实践》,台北:台湾通识教育学会1999年版,第32页。
② 黄俊杰:《大学通识教育探索:台湾经验与启示》,桃园:台湾通识教育学会2002年版,第38页。
③ 陈荣捷:《王阳明传习录详注集评》,台北:台湾学生书局1983年版,第132页,《薛侃录》,第111条。

状态。

2. 为"终身学习"奠基。展望 21 世纪新发展,相对于 20 世纪的"劳力密集经济"或"资本密集经济",未来必然是一个"知识经济"的新时代。在这种新的经济生产与再生产的体系中,具有创新性的知识将居于产业升级的关键地位,劳动者也必须终其一生不断地充实新知。21 世纪可以预期必然是一个"终身学习"(life-long learning)的社会。① 21 世纪的大学通识教育的"深化"方向,就是奠定学生在完成建制化的学校教育之后的"终身学习"的能力。

从这项"深化"的新方向来看,现阶段许多高等院校的通识课程的教学内容都可以再进一步提升。提升的方向至少有以下两项:第一是经由对具体而特殊的素材的教学而提升学生的批判思考能力。所谓"具体而特殊的素材"是相对于上文所说的"形式主义的思维"而言的。我们可以规划一些课程,引导学生接触古今中外伟大而深刻的心灵如孔子、孟子、柏拉图以至当代各个学术领域的经典作品,思考这些重要的著作所探索的具体问题,师生共同讨论可能的答案。这种新的教学内容,必能为通识教育注入新的源头活水。第二,将现阶段停留在语文学习层次而强调语文运用能力(所谓"linguistic literacy")的本国及外国语文课程,提升到文化素养(所谓"cultural literacy")的层次。② 就 21 世纪"知识经济"以及"终身学习社会"的新时代而言,这种"文化素养"正是美国哲学家胡克(Sidney Hook,1902—1989)所谓"最低限度的不可或缺的教育"③,这是 21 世纪的知识分子所不可或缺的质素。

---

① 联合国国际教科文组织(UNESCO)曾经在过去多年间邀请世界各国许多重要人士共商教育改革方案,并提出终身学习(life-long learning)作为 21 世纪世界教育的方向之建议。台湾的教育改革委员会(教改会)在《总咨议报告书》中也提出终身教育作为教改的主要方向。参看:教育改革审议委员会:《教育改革总咨议报告书》,台北:教育改革审议委员会 1996 年版,第 86 页。

② 关于通过大学通识教育而提升受教育者的文化素养,参看:Ian Westbury and Alan C. Purves eds., *Cultural Literacy and the Idea of General Education*: *Eighty-seventh Yearbook of the National Society for the Study of Education*, Part II (Chicago: University of Chicago Press, 1975), pp. 27—36。

③ Sidney Hook, "General Education: The Minimum Indispensables", in Sidney Hook et. al. eds., *The Philosophy of the Curriculum*: *The Need for General Education* (Buffalo: Prometheus Books, 1975), pp. 27—36.

三、大学通识教育"深化"的必要性

在阐释了"深化"的含义之后,我们可以接着分析 21 世纪大学通识教育之所以必须力求"深化"的理由:以"深化"的通识教育矫治现代大学中知识"自我异化"的弊病;以内涵"深化"的通识教育因应新时代的生活方式。本节阐释这两项论点。

(一)知识的"自我异化"及其矫治

大学通识教育之所以必须力求"深化",乃是因为只有"深化"的通识教育,才能克服随着大学教育之日趋专业化而来的知识之"自我异化"的困境。我们先从知识的"自我异化"开始讨论。

所谓知识的"自我异化"是指:现代大学教育通过教学与研究活动,而逐渐转化成为与教育的原初目的对立之事物。举例言之,包括大学教育在内一切教育,其原初目的都是在于培养健全人格以增进人的道德福祉(moral welfare),使他(她)过一个全人的生活。但是,由于大学教育日趋专业取向,大学中各学术领域日趋"区隔化"(compartmentalized),于是,现代大学中的知识创造活动及其成果,愈来愈容易被少数人所垄断或宰制,而背离大学之所以为大学的原初目的。这种大学教育中知识的"自我异化"的现象,使二千年前《庄子·天下》篇作者所忧虑的"道术将为天下裂",完全成为事实。

现代大学中知识的"自我异化"发展,使大学师生与自然世界、他人乃至大学师生自己之间的陌生感与日俱增,而现代大学中的知识创造与传播活动遂成为一种"异化劳动"。弗洛姆(Erich Fromm, 1900—1980)曾引申马克思(Karl Marx, 1818—1883)关于"异化"的概念说:[①]

> 异化劳动从人那里剥夺了他所生产的对象,……而把人对动物

---

① 弗洛姆著:《马克思关于人的概念》,徐纪亮、张庆熊译,台北:南方丛书出版社 1987 年版,第 57 页。

所具有的那种优点变成缺点,因为人被夺去了他的无机的身体即自然界。同样地,异化劳动把自我活动、自由的活动贬低为单纯的手段,从而把人类的生活变成维持人的肉体生存的手段。

弗洛姆这一段话,完全可以引用来说明现代大学中知识"自我异化"之后,教育成为手段而不是目的之一般现象。由于现代大学的"自我异化",所以,许多现代大学常常出卖大学的灵魂自由的价值理念。①

针对上述大学教育中知识的"自我异化"现象,优质而深化了的通识教育,可以发挥矫治的作用。正如本章第二节所强调,"深化"的通识教育必然回归并落实人本身,而不是人以外的现实利益,如富国强兵或经济发展等。这种现实而立即的教育之边际效益,正是现代大学所努力追求的目标,大学的"自我异化"实植根于其中。一旦大学师生均能在以人为本的教育目标上相互激励,那么,现实主义或功利主义的幽灵,就没有攫取大学的灵魂的空间,而知识"自我异化"的现代工业文明的病态,就可以获得某种程度的矫治。

(二) 21 世纪新生活方式与大学通识教育

大学通识教育之所以必须"深化"的第二个理由在于,只有"深化"的通识教育才能因应21世纪的新挑战。

21世纪是一个高科技快速发展的时代,以生物科技为例,2000年6月26日,美国总统代表各国之研究组织与美国私人企业塞勒拉(Celera)公司共同发表人类基因组计划(Human Genome Project)草图初步的总图。据估计,基因资料库每6到8个月就成长一倍,其所产生的资料量至为可观。在这样一个知识不断更新的高科技时代,大学教育的性质与课程结构势必大幅调整,而以奠定终身学习能力之基础,为其教学之首要目标。从这个角度来看,"深化"的通识教育势必成为21世纪大学教育的重要组成部

---

① 现代大学校园中,常常由于"政治正确"、自我思想检查、双重标准,以及不合程序正义的审判制度,而从大学内部出卖大学的"自由"理念。参考:Alan Charles Kors and Harvey A. Silverglate, *The Shadow University: The Betrayal of Liberty on America's Campuses* (New York and London: The Free Press, 1998)。

分。只有优质而"深化"的大学通识教育,才能为学生奠定宽广而扎实的基础,使他们可以在知识日新月异的 21 世纪,不断地通过自我学习与成长,而与时俱进,日新又新。

其次,21 世纪也是一个人类的"持续发展"(sustainable development)面临严酷挑战的新时代。地球资源的有限性、环境问题的严重化、恐怖主义的横行与战争的破坏,都使得 20 世纪许多人奉为信仰的"现代化"或"现代性",面临新的思考与批判。在 21 世纪所谓"后现代"的时代里,教育最重要的新动向应该就是开发并培育学生的环境文化素养(ecological literacy)。这种新时代的教育重心的转化,需要贯通各种学术领域与开发多层次思考能力的新课程。举例言之,关于"环境伦理"的问题就可以贯通历史学、伦理学、社会学、政治学、人类学、经济学、建筑学、生物学与农学、自然史、哲学等领域[①],只有优质而深化了的通识课程,才能引导学生思考并因应 21 世纪的新挑战与新的生活方式。

四、深化大学通识教育的具体策略

现在,我们可以考虑"如何深化大学通识教育"这个问题。这个问题必须置于台湾现阶段高等院校通识教育中具体而实际的脉络中思考。我在本节论述中想从高等院校整合性的观点提出:创设地区性的通识教育教学发展中心;开设通识教育讲座课程;定期举办教学研讨会等三项具体策略。

(一) 地区性通识教育教学发展中心

第一项深化通识教育的具体策略是:教育当局应宽筹经费在北、中、南、东四个地区,择定一所高等院校,创设"通识教育教学发展中心"。整合中心之基本性质系提供通识教育教学与学习资源之中心,英文名称也许可

---

① David W. Orr, *Ecological Literacy: Education and the Transition to a Postmodern World* (Albany: State University of New York Press, 1992), esp. pp.135—136.

以订为：Center for Excellence in Teaching and Learning，其功能系为整合各地区高等院校通识教育的教师资源，开发并改善优质共同及通识课程，累积教学经验与资料，办理新进师资培训，并与各高校分享本校教学资源。

台湾的高等院校从 1984 年起推动通识教育近 20 年，但迄今并无任何一所大学设置此种常设性之实体性教学资源中心，因此，各校共同及通识教育之经验既无法传承与累积，亦无法进行横向之校际交流与分享，新进教师亦难以吸收先进之经验。这种教学资源中心成立后即可大幅改善此种现况，使各高等院校推动共同及通识教育易于交流并共享资源。

1995 年教育当局组团赴美考察通识教育，并提出《美国大学通识教育考察报告》，呼吁教育当局应资助民间通识教育团体或大学，设立"通识教育教师发展中心"之类组织，定期举办教学经验交流或课程发展等活动，持续提升台湾大学通识教育之水准。该团访问美国十余所大学，访谈所获心得之一，即为全美许多大学如 University of Washington、Syracuse University、University of Texas、Stanford University、U. C. Berkeley 及 Harvard University 等均设有类似"教育发展中心"之类单位，其中尤以该团所访问之哈佛大学的 Derek Bok Center for Teaching and Learning 最为令人印象深刻。台湾推动大学通识教育 20 年，虽然也取得一定成就，但尚无类似教学发展中心之组织，故一方面各大学通识教育教师缺乏相关教学方法等资讯，另一方面各大学通识教育之经验也缺乏交流之固定管道，此类中心值得教育当局资助推动。上述建议提出迄今已近 10 年，因经费等原因迄今尚未具体落实，教育当局如能推动此种中心之设立，就可以具体落实上项呼吁，大幅改善大学教育之品质。

这种地区性的整合教学发展中心，可以推动下列四项工作：

1. 开发优质新通识课程，提升通识及共同课程之品质。这种地区性的教学发展中心可以整合该地区各大学的优秀教师，开发优质通识课程；并投入资源，持续提升校订共同必修课程之品质。

2. 邀请杰出学者开授全校性通识课程。台湾通识教育之难以推动，原因不一，主要原因在于系所专业主义与本位主义之干扰。若干未设立聘专任教师之"共同科"或"通识中心"之大学，虽无"共同科"之包袱，但专业系所本位主义甚强，亦构成推动优质通识课程之重大障碍。这种中心设立后可以以短期（一至二年）客座之方式，延揽优秀学者来校开授通识课程，并制成 DVD，累积教学资源，并与该地区各大学共享资源。

3. 出版《通识课程教学参考资料丛刊》。台湾推动通识教育近20年，迄今无通识课程参考资料，此类"Teaching aids"在欧美出版界为数甚多，对教学裨益甚大。各地区性的教学发展中心可以整合各校之优质课程出版本丛书，供其他高等院校参考。

4. 举办各种教学研讨会，传承教学经验，提升课程品质。台湾高等院校所举办之研讨会，均以专业性研讨会为主，对于教学研讨会相对忽略。各地区性的教学发展中心持续办理此类活动，以加强校内教师对教学工作之重视，并与其他学校交流经验。

（二）开设通识教育讲座课程

现阶段台湾的高等院校，开授优质而"深化"的通识课程最大的困难在于师资结构不均衡。除了极少数综合性大学的师资可以涵盖人文、社会、法学、理、工、医、农、生命科学、电机资讯、公共卫生等各学术领域之外，绝大多数高等院校师资均各有所偏，因此，开授通识课程的师资较不齐备。这种状况在为数众多的技职院校更为严重。针对这项特殊的困境，各高等院校可以考虑邀请各学术领域卓然有成的学者，以群体教学的方式，设计并讲授高品质而"深化"的通识教育讲座课程。

这类讲座课程并不容易办理。因为每周讲授员不断更换，因此，该校必须有一位老师负责主持并协调课程的进行。而且，这种讲座课程学生较多，为了提升教学效果，配合讲座课程教学工作的教师必须有固定时间与学生见面，和学生共同讨论该课程每周的阅读作业。

这类讲座课程如果开设成功，可以收到师资资源共享的效益。如果能够将上课过程拍摄成DVD，放在各校网站上，使未来现场上课的本校或其他学校学生均可以上网观看，则可发挥更大的教学效果。台湾教育当局如能以专案经费，在各地区择定一至二所高等院校，补助经费，推动这类"深化"的讲座课程，则效果更可以预期。

(三) 举办教学研讨会

过去20年来,台湾各高等院校为提倡通识教育,举办甚多研讨会,已达到推广的效果。为了具体落实"从普及到深化"的目标,我们可以在各地区举办通识教育教学研讨会,除了研讨一般性的教育理念之外,可以特别针对优质而"深化"的通识课程之研发、教学方法之创新、新议题之导入等问题,深入探讨、交换心得,必能加速通识教育从普及迈向"深化"之目标。

五、结 论

大学通识教育的改革是一种永无止境、日新又新的事业。经过18年的推动,台湾的大学通识教育正处于转型的关键。这个转型的关键之核心点就在于"从普及迈向深化"。台湾的大学通识教育能否从当前的"普及"走向未来的"深化",将决定21世纪台湾的大学通识教育是原地踏步、徒劳无功,或是更上层楼、别创新局。"从普及迈向深化",这是新世纪开始之际值得关心台湾通识教育的人士戮力以赴的新方向。

"从普及迈向深化"这个新方向,可以使通识教育发挥教育的本质性作用,一方面矫治现代大学教育中知识的"自我异化"之弊病,另一方面也可以厚植学生"终身学习"的基础能力。为了推动理想的高品质的通识教育课程,我们建议教育当局以专款推动地区性教学发展中心之设立,以累积通识教育相关资料,并提升教学品质。另外,邀请教学研究卓然有成的学者,开授通识教育讲座课程,既可以对治许多学校师资不均衡之问题,也可以达到师资共享之目的,可谓一举两得。当然,持续办理教学研讨会,研发优质课程,创新教学方法,更是一项永续的改革工作。

21世纪是一个变迁快速的时代,各种社会、经济、政治力量正强而有力地冲击着大学的教学与研究的内容与课题。优质而"深化"的大学部通识教育,正是加速21世纪大学教育转型的重要催化剂。让我们共勉以优质的通识教育,提升台湾的大学教育的品质。

第五章　大学通识教育与基础教育的深化：理念、策略与方法

一、引　言

（一）"基础教育"及"通识教育"释义

本书第四章指出 21 世纪大学通识教育的新方向在于从普及迈向深化。本章将进一步讨论大学通识教育与基础教育深化的理念、策略及其方法。但是，在讨论这项课题之前，我们必须先厘清所谓"通识教育"与"基础教育"的含义。就课程之形式而言，所谓"基础教育"是指台湾各高等院校现行之校订必修或必选科目如"国文"、"外文"、"历史"、"宪法与/或公民教育"、"体育"、"军训"及"服务"课程而言；所谓"通识教育"指各高等院校在人文学、社会科学、生命科学或自然科学等各学术领域中，要求学生必选的课程而言。以上这样定义下的"基础教育"与"通识教育"，虽然在课程形式上可以区分，但是就课程的本质而言，两者不论就教学内涵、精神或目标来看，都具有高度的重叠性。因此，两者实在是学生大学时期养成教育的共同组成基础。

（二）两者的共同"界面"

作为大学养成教育之共同组成部分的通识教育与基础教育，在不同时代有其不同之共同"界面"。就21世纪而言，两者共同的"界面"有四：(1) 语文素养（Linguistic literacy），(2) 文化素养（Cultural literacy），(3) 生态环境素养（Ecological literacy），(4) 生命科学素养（Literacy of life science）。

以上这四种类型的"素养"，之所以成为21世纪大学通识教育与基础教育的共同"界面"，主要原因在于21世纪是一个诸多文明互相对话的新时代，也是一个环境与生态问题日益严重以及生命科学高度发展的新时代。2001年"9·11"事件以后，世界各不同文化之间经由对话而加强相互了解，已经成为21世纪新时代的重要课题。在21世纪的诸文明对话中，不同宗教间的对话最为重要，因为宗教信仰直接触及人的存在及其意义之根本问题，可以激发信仰者生死以之、赴汤蹈火的强大动力。如果各大宗教之间没有对话，21世纪即无和平之可言。但是，21世纪文明间的对话的进行，有赖于对话者的本国及外国语文的运用能力，以及对本国文化与外国文化之娴熟，所以，21世纪大学教养教育中，"语文素养"与"文化素养"特居重要之地位。其次，经历200年来以"人类中心主义"（anthropocentrism）为思想基础的近代科技发展，人类生存所系的生态环境的破坏，已严重到无以复加的地步。21世纪人类必须严肃思考"永续发展"（sustainable development）的课题，所以，"生态环境素养教育"至关重要。最后，20世纪末生命科学的突破与飞跃发展，将使生命科学成为21世纪的新显学，并且对21世纪人类的文化思想、伦理价值、法律规范与社会经济等各方面的生活，造成至深且巨的冲击。作为21世纪新知识分子的养成场所，大学确实有必要提升学生的生命科学素养。

（三）"深化"的必要性

在经过20年的提倡与改革之后，台湾的高等院校的通识教育已经达到普及的程度。在"普及"之后,台湾的高等院校基础与通识教育面对的最严肃的挑战在于:如何从"普及"迈向"深化"?

为什么21世纪高等院校的基础与通识教育必须向"深化"的方面发展呢?盱衡各高等院校当前所开授为数众多的基础通识课程,固然也有少数高等院校的课程品质优越,内容深刻,但现阶段举目所见以浅尝即止的简介性课程较多,甚至也有许多逸乐取向的所谓"基础课程"与"通识课程",流风所及造成学生以为"基础或通识课程就是营养学分"的错误印象。这种错误印象一旦形成之后,大学中教研优越的教师遂视开授基础与通识课程为畏途,如此一来,认真的学生更难找到好的通识课程。这种恶性循环的结果,遂将"通识教育"污名化,与提倡"通识教育"之原初立意完全背离,思之令人痛心。

除了针对以上所述当前台湾的许多高等院校所实施的基础与通识教育的弊病而力求改进之外,通识教育之所以必须力求"深化",更是因为只有"深化"了的优质通识课程,才能启发学生的思考能力,拓展他们的视野,培育他们的价值理念,奠定他们终身学习的基本能力,使他们成为21世纪新时代的知识人。

二、深化的理念

(一)"回归人本身"的教育理念

我们主张,大学基础及通识教育应求其"深化"。但是"深化"一词的意义应详细加以厘清。我们所谓"深化"不应被误解为将基础及通识课程加以专业化,讲授更多的专业研究知识,使其成为专业系所进阶专业课程的先导课程。例如作为基础课程的大一"历史领域"诸课程与历史系大一必修"中国史"、"世界史"或"台湾史"之内容虽然有其重叠性,但其课程之性质与教学目标并不相同。前者教学对象是非主修历史的学生,课程之教学目标在于提升学生思考问题的时间深度;后者的教学对象是主修历史的学生,教学目标在于为未来从事史学专业研究工作奠定基础。因此,基础与通识教育课程之所谓"深化",并不是着眼于在课程中注入大量的专业性的知识,而是在于提升学生对"人之存在"等相关问题的思考能力。

从这个立场来看,所谓"深化"就是指基础及通识教育课程教学目标之"回归人本身"。所谓"回归人本身"这项教育理念,有其消极面及积极面的意义。就其消极面而言,这项理念是针对近百年来海峡两岸华人社会中各级教育过于功利导向之历史积弊而发。中国最早的现代式大学为创办于1895年的北洋大学堂(今天津大学),是在西方帝国主义侵略中国的动荡时代里,以兴学作为自强之手段。接着,创办于1898年(光绪24年)的京师大学堂(今北京大学),更是在"中学为体,西学为用"的理念之下,以"化无用为有用,以成通经济变之才"[①]为办学目标。两者皆为因应世变,讲求实效。再从台湾教育史来看,近代台湾的教育从刘铭传(省三,1836—1895)创办西学堂(1887)与电报学堂(1890)以降,就具有强烈的实务取向。1895年起日本帝国主义者统治台湾之后,为了配合帝国侵略南洋地区的需要,更大力推动技职教育。日本殖民政府于1919年设立台北工业学校、嘉义农林学校、台中商业学校,1927年设立台南工业学校。从1953年开始,台湾当局成立"美援运用委员会(美援会)",后来改制为"国际经济合作发展委员会(经合会)"、"经济设计委员会(经设会)",演变为今日的"经建会"。在这些经建单位的以人力规划政策为主导下,台湾各级教育均具有强烈的功利主义色彩。1928年创立的台湾第一所现代式的大学——台北帝国大学(今台湾大学),更是为了日本帝国南进政策的需要,而特别着重发展热带医学与南洋人文研究[②],办学之功利色彩至为明显。也因为台北帝国大学是为日本而不是为台湾本地而办学,所以,当时台湾知识分子反对设立台北帝国大学的声浪甚大。从宏观的历史视野来看,近百余年来中国大陆与台湾的教育发展史,确实洋溢着鲜明的功利主义色彩。

在这种功利主义挂帅的百年教育传统之下,现阶段台湾的高等教育的内容,虽然在专业训练上已有可观的成就,但是,仍不免过度强调"人"以外的边际效用。多数的高等院校都投入大量资源强化就业导向的系所,以便提升学生毕业后在市场经济体系中就业的优势。一般学生与家长在这种高等教育的潮流之中,也无形中将大学视为就业前的职业训练所,他们所

---

① 陈宝琛等纂修:《大清德宗景皇帝实录》卷418,台北:台湾华文书局影印1964年版,第15页。
② 关于台湾大学校史的初步研究看:黄得时:《从台北帝国大学设立到台湾大学现状》,载《台湾文献》第26—27卷41期(1976),第224—245页;吴密察:《从日本殖民地教育学制发展看台北帝国大学的设立》,收入:氏著:《台湾近代史研究》,台北:稻香出版社1991年版。

看重的是受教育之后所能获得的边际效益。在这种功利主义的教育潮流之下,大学以及大学的师生,都在不同程度之内以及不同意义之下,将自己加以"物化"与"工具化"了。

我们提倡通识与基础教育的"深化"乃在于"回归人本身",就是针对上述教育的工具化趋势而发。我们希望经由"深化"了的课程,而唤醒受教育者的"主体性",使教育的效果从功利主义转而回归并落实到受教育者自身的生命,创造受教育者的德性福祉。

在上述有关通识教育与基础教育"深化"的理念中,所谓"回归人本身"这句话中的"人"的涵义,必须再进一步厘清。我们这里所谓的"人",并不是指作为"感性的对象"的人,而是指作为"感性的活动"的人。更正确地说,"人"并不是一个作为范畴的、抽象的存在;"人"是活生生有血有肉,参与社会政治、经济、文化生活的"人"。战国时代(前480—前222)晚期荀子(约前298—前238)之所以批判(他心目中的)"思孟"学派,理由在此;19世纪马克思(Karl Marx, 1818—1883)之所以批判费尔巴哈(Ludwig Andreas Feuerbach, 1804—1872),理由亦在此。

在这个意义下的"人",是一个活动的感性主体,是"时间"与"空间"交错作用下的具体性的人,不是超时空的、抽象的、作为概念的人。因此,我们必须接着讨论人之存在的"时间性"与"空间性",及其与大学基础及通识教育的关系。

(二)人之存在的"时间性"

"时间"在人的生命历程中既抽象而又具体,既神秘难以捉摸,但却又明确而客观。"时间"可以使婴孩成为壮丁,"时间"的刻痕也可以使青春少女成为老妪。我最近的研究曾指出:"中华文明具有极其深厚的时间意识,古代中国人懔于'时间'之不可逆,以及植根于'不可逆性'之上的'时间'之可敬可畏,所以,中国文化与思想传统非常重视因顺'时间'之流衍变化,进而掌握'时间'的动向。因此之故,中国文化中历史学特别发达,中国人的时间意识特别深厚,中国人的生命浸润在悠久的历史文化传统之中,他们上承往圣先贤的志业,下开万世子孙之福祉。在中国文化传统中,个人生命的意义与价值,常常经由历史的参与而与群体生命相结合,并在群体历史文化传承的脉络中,彰显个人的价值。"①中华文明中的"时间"既深厚而又充满具体性的内涵。传统中华文化中的"时间",交织着具体的忠臣孝子的行谊、帝王将相的功过、烈女的孤贞、官吏的酷烈、佞幸的无耻、游侠的诚信。我们可以说,人既存在于"时间"之中,无人能超越于"时间"之外,但人的活动却也塑造或充填了"时间"的具体内容。

从人的存在之"时间性"这个角度来看,扣紧21世纪的新时代中,人的时间感日趋薄弱化的现象,我们就可以发现:历史教育在大学基础与通识教育中极具重要性。只有经由优质的历史教育,特别是文化史教育,才能拓展学生的时间深度,使学生懔于时间之于人生之可敬可畏,从而努力于从有限的生命中创造出无限的意义。只有通过思考导向的历史教育,才能使学生"携古人之手,与古人偕行",从古人的行事经验中,提炼历史的教训与启示。也只有通过历史教育,才能使学生通过对历史经验的掌握,而不再成为历史的俘虏,而能一跃而成为未来新局的开创者。从以上这个角度来看,现阶段许多高等院校以"历史领域"课程作为校订必修科目,实有其深远的用意,可以适应21世纪的需求。

(三)"人"之存在的"空间性"

人之存在的另一项特质在于其强烈的"空间性"。人在一定条件的空间环境之中,从事生产活动。20世纪日本哲学家和辻哲郎(1889—1960)对人之存在的"空间性"这个问题有深入思考。和辻哲郎以"风土"一词作为土地的气候、气象、地质、地味、地形、景观等因素之总称。他强调,人之存在有其"风土性",形塑人的存在的因素不仅是一般意义下的"过去",而更是"风土的过去"。②他将世界分成季风型、沙漠型与牧场型等三种不同的风土类型③,再分论不同型态的"风土",对人的活动、气质与文化的各种形塑作用。

21世纪的人之存在之"空间性",我认为最根本的问题是:人与自然的

---

① 黄俊杰:《中国传统历史思想中的时间概念及其现代启示》,收入:拙编:《传统中华文化与现代价值的激荡(二)》,台北:喜马拉雅研究发展基金会2002年版,引见第24页。
② 和辻哲郎:《风土:人间学的考察》,东京:岩波书店1935、1974年版,第16页。
③ 同上书,第2章,第14—120页。

互动之问题。在过去 200 年间,工业文明成为人类历史的主流,"人类中心主义"主宰最近 200 年来人类文明的发展,一方面固然创造科技文明的快速发展,为人类带来物质生活的福祉;但另一方面,人对大自然的过度剥削,却也为人类的生存环境带来极其严重的伤害。因此,人与自然在 21 世纪如何更和谐相处,就构成 21 世纪大学基础与通识教育的严肃课题。①

大学通识教育应针对"21 世纪人与自然之关系"这个新课题,而力求"深化",开授生态环保与永续发展相关之课程,此类课程之具体名称不一而足,但如果扣紧"环境伦理"或"无限生命"之类的主题,当更能提升教学内容之深度与广度。

三、深化的策略

以上所说"深化"大学基础教育与通识教育的理想,应通过何种策略才能落实呢?扣紧近百年来现代大学教育中"知识"与"行动"两分,大学所培养的知识分子多半是"理念的巨人",但却多半是"行动的侏儒"这种特殊现象来看,我建议"深化"大学基础与通识教育的两项策略:

(一)知识与实践结合

"知"与"行"之关系是数千年来中国思想与教育传统的根本课题之一。从孔子(前 551—前 479)以来,中国伟大的思想家与教育家莫不针对这一个课题而有所思考,他们多半认为"知识"与"行动"不可两分,朱子(晦庵,1130—1200)高弟陈淳(北溪,1159—1223)就明言"知"与"行"实不可分:②

> 知行不是两截事。譬如行路,目视足履,岂能废一?若瞽者不用目视,而专靠足履,寸步决不能行;跛者不用足履,而专靠目视,亦决无

---

① 参考:David W. Orr, *Ecological Literacy: Education and the Tradition to a Postmodern World* (Albany: State University of New York Press, 1992)。
② 黄百家:《宋元学案》卷 68,载《北溪学案》。

第五章 大学通识教育与基础教育的深化:理念、策略与方法

可至之处。

"知行合一"之说在宋明儒学中论述甚多,其中以明代大儒王阳明(守仁,1472—1529)的"知行合一"说最为深刻,王阳明说:①

> 知之真切笃实处,即是行;行之明觉精察处,即是知。知行工夫,本不可离。只为后世学者分作两截用功,失却知行本体,故有合一并进之说。真知即所以为行,不行不足谓之知。〔……〕专求本心,遂遗物理。此盖失其本心者也。夫物理不外于吾心,外吾心而求物理,无物理矣。遗物理而求吾心,吾心又何物邪?心之体,性也。性即理也。故有孝亲之心,即有孝之理。无孝亲之心,即无孝之理矣。有忠君之心,即有忠之理。无忠君之心,即无忠之理矣。理岂外于吾心邪?晦庵谓"人之所以为学者,心与理而已。心虽主乎一身。而实管乎天下之理。理虽散在万事,而实不外乎一人之心",是其一分一合之间,而未免已启学者心理为二之弊。此后世所以有专求本心,遂遗物理之患。正由不知心即理耳。夫外心以求物理,是以有暗而不达之处。此告子义外之说,孟子所以谓之不知义也。心一而已。以其全体恻怛而言,谓之仁。以其得宜而言,谓之义。以其条理而言,谓之理。不可外心以求仁。不可外心以求义。独可外心以求理乎?外心以求理,此知行之所以二也。求理于吾心,此圣门知行合一之教。

王阳明在上述论述中,将"知行合一"的理据发挥得极为详尽,其论证之哲学基础尤在于"心即理"这项命题。阳明认为,"物理不外吾心","心"与"理"同步同质,合而为一,因此,"知"的实质内涵就是"行",反之亦然。

"知行合一"的学说,是我们今日"深化"大学基础与通识教育的重要策略。只有将课程中所学得的"知识"落实到"实践"层面,才能对治现代大学学术研究脱离人的生命之弊病。现代大学中将"知识"彻底客观化而成为一种与人的生命无关的客体活动,于是,现代大学中知识的追求,大多成为一种向外觅理的客观活动,与古人所谓"玩物丧志"相去不远。尤有甚者,由于现代大学中学术分工日趋精细,分门别类而极端规格化的知识,很容易被少数学者或其结盟者如权力掌握者或大资本家所垄断,从而使大学

---

① 陈荣捷:《王阳明传习录详注集评》,台北:学生书局1983年版,第133条,第166—167页。

所生产或再生产的知识,背叛大学设立的原初目的,以致造成大学的"异化"。① 我们以上所建议的"知行合一"的"深化"教育策略,正是愈合大学之"异化"的良药。

现在,问题是:如何在大学基础与通识教育中将知识与实践加以结合呢? 在大学课堂将知识与实践融合为一体的具体方法不一而足,但其主要做法在于将课程中所传授的各种知识,与学习者的生活情境或生命体验加以融贯。举例言之,如历史领域各种课程所传授的有关建构历史知识,或提升历史思考能力的各种相关知识,如历史资料的收集、历史解释的提出或历史通则的建立等等知识活动,如果能经由"实做"程序,结合学生对家庭史、家族史、社区史相关资料的收集解释等实践活动,将是极为有效的一个教学方法。再举例言之,美国哥伦比亚大学的通识教育实施绩效甚为良好,该校大部分的自然科学领域通识课程的学生,都必须进入实验室实际操作实验程序,以使知识和实验相验证。同样地,所有的人文类通识课程,也都必须写作研究报告。诸如此类的教学方法,就是将知识与实践加以结合的有效方法。

(二) 思考与教学结合

深化大学基础与通识教育的第二项策略在于,将思考活动与教学活动结合,使教学不再是一种记忆性的规格化知识的灌输与传授,而是透过教学活动而提升学生批判思考的能力。这项教学策略,主要是针对现阶段海峡两岸高等院校的一般课程的教学,注重记忆性超过思考性这项弊病而提出。现阶段海峡两岸的大学教育中,许多课程的教学由于受到传统教育方式的影响,多半强调知识的记忆与灌输,而较少注重培育学生的思考能力。流弊所及,许多人文课程就沦落为人名、地名与条约等具体人文事实的记诵,而误将套装式的人文知识,等同于以批判思考为本质的人文精神。同

---

① 20世纪末叶成为人类历史主流的"全球化"发展趋势,在很大幅度内改变大学教师在市场经济体系中的角色。大学中的学术研究与教学工作,逐渐被市场经济所渗透甚至颠覆。近年来,生物科技、纳米科技以及基因体医学等学问之崛起,反映这种学术日渐资本主义化的发展趋势。参考:Sheila Slaughter and Larry L. Leslie, *Academic Capitalism: Politics, Policies, and the Enterpreneurial University* (Baltimore and London: Johns Hopkins University Press, 1997)。

样道理,自然科学的若干课程,也常常由于思考性在教学过程中被忽略,而使科学知识与科学精神的界线为之混淆。因此,大学基础课程与通识课程的教学必须以思考为导向,才能提升课程的深度,奠定学生未来终身学习的基础。

四、深化的方法

(一)讲座课程的推动

盱衡台湾多数高等院校所开设的通识课程或基础教育课程,固然也有既富有深度而又深具启发的优良课程,但是也有少数院校的诸多课程实质上与自助餐无异,琳琅满目、种类繁多,由学生自由选修,虽然满足学生选课之自由,但是课程品质普遍有相当大的提升空间。针对这个问题,现阶段深化通识与基础教育的方法之一,就是讲座课程的推动。我们可以集中学校的部分人力与物力,以群体教学之方式,扣紧某一特定主题,开授具有高度知识承载度的讲座课程,以深化通识与基础教育之内涵。

以上所建议这种讲座课程的推动,并非一蹴可及。讲座课程的成功与失败,除了主题的拟定,各周讲题的学术相关性之配合,以及讲员之聘请等关键性因素之外,此类课程尚须具有良好的配套措施,才能发挥其应有的教学效果。这类配套措施包括教学助理的运用,学生面谈时间的实施,学生听讲心得的写作,期中考以及期末考的规划,以及学期报告的撰写与批改等等,都是讲座课程推动过程中,至关紧要的相关配套措施。

这类讲座课程的主题的拟定,更是深化通识与基础教育的关键课题。我们可以择定若干在21世纪新文明与新秩序中,具有重大时代意义的主题,详加规划而开授这类大学讲座课程。举例言之,本章第二节讨论到生态环保问题在21世纪的重要性与日俱增,于是,"人与自然如何和谐相处"将成为21世纪人类文明之重大课题。因此,我们可以"人与自然"作为主题规划大学讲座课程,邀请教学与研究绩效良好之校内外教师,参与教学工作。

除了"人与自然"这项在21世纪可以作为通识讲座课程的主题之外,

其他可以作为讲座课程的主题甚多,台大以及若干高等院校近年来推动"科技与人文的对话"与"传统中华文化与现代价值"等两门通识讲座课程,就颇有绩效,深受学生之喜爱。

我再以我所规划"传统中华文化与现代价值"这门课程为例说明规划过程。这门课程开授之前两年,我就邀请一批人文社会科学学者,就"传统中华文化与现代价值的激荡与融合"这项主题,在台湾内外召开两次学术研讨会①,所有论文在研讨会宣读,充分讨论沟通,修改定稿之后,再由我选编成《传统中华文化与现代价值的激荡与融合》(共 2 册)。② 本课程之讲座,基本上就是本书之作者。因为每周讲座均已就讲授内容撰成论文,所以每周授课之后,选课学生均必须研读指定的阅读论著,再与教学助理群进行个别咨询或讨论。为了加强学生对每周授课内容之吸收,每周上课最后 10 分钟,均由学生当场写听讲心得,由教学助理群收回登录并批改。以上种种配套措施,可以保证讲座课程的教学品质。

(二)原典的研读

深化大学基础与通识教育的第二个方法,在于提倡各学门重要经典性著作的研读。这项建议主要是针对现代大学教育注重教科书重于原典之选读这项偏颇而发。以教科书为中心的课程教学的优点,在于使学生在短期的教学课程中,即可掌握某一学术领域之基本知识,奠定进入该学术领域之基本学识基础,但是这种以教科书为中心的教学方法,长处所及,短亦伏焉。因为凡是写入教科书的知识,多半是已经经过学界取得共识的知识,用科学哲学的话语来说,就是所谓"常态科学"(normal science)。这种"常态科学"所传授的是稳定性较高、共识度较大的知识,类似于"套装知识"。相对于这种"套装知识"而言,从原典或在实验室中,经由实做程序而获得的知识,虽然未必与学界中已经普获共识的知识完全合拍,但是却具有较大的原创性,也较能激发学生原创力与思考力。

---

① 这是"中华文明的 21 世纪新意义系列学术研讨会"的一部分,参看:http://www.himalaya.org.tw/21century/。
② 繁体字版由台北:喜马拉雅研究发展基金会出版,2002 年;简体字版由北京:社会科学文献出版社出版,2003 年。

就国外的大学基础与通识教育的授课经验来看,经由原典选读而开授的基础与通识课程,是引导学生接触中西文化价值泉源的重要管道之一。举例言之,美国斯坦福大学在过去所开授所谓"文化、理念与价值系列学程"①,也较能激发学生原创力与思考力。经由精心选编中外文史哲经典之部分重要篇章,使学生在三个学期的学习过程中,可以接触古今中外重要人文经典著作。此种原典选读的课程,如能慎选主题,以"模组"(module)之方式进行教学,则教学绩效当可预期,值得我们在通识与基础教育中广为实施。

关于"经典选读"通识课程,最大挑战在于师资难求与教材选编不易。这类课程在开授之前,必须投入大量时间,选编教材,准备教案,才能达到"使学生与经典作者或文本互相对话"之教学目标。最近,美国汉学界有四位学者,就曾选编中国文化经典重要篇章,编辑教材,并由四位编者就每篇文本撰写论文引导学生思考。② 他们选编中国经典文本包括:

① 《诗经·生民之什》
② 《孟子·公孙丑上2》
③ 《庄子·内篇·二、齐物论》
④ 《般若波罗蜜多心经》(〔唐〕三藏法师玄奘译)
⑤ 《自京赴奉先县咏怀五百字》(〔唐〕杜甫)
⑥ 《莺莺传》(又名《会真记》),收入:《太平广记》(〔唐〕元稹)
⑦ 《笔法记》(〔五代〕荆浩)

这本教材是一本相当用心的原典选辑,值得参考。除此之外,已故陈荣捷教授(1901—1994)所编《中国哲学文献选编》这部书,是陈先生以数十年功力,就中国哲学典籍加以选编并作论述。这部书的英文初版原名是 *A Source Book in Chinese Philosophy*③,于1963年由美国普林斯顿大学印行,出版以来,纸贵洛阳,风行海内外,允为关于中国思想研究之取材最均衡、论断最审慎的资料选集。这部书的中文版已经出版④,也可以作为中国哲学

---

① 参看:黄俊杰:《大学通识教育的理念与实践》,桃园:台湾通识教育学会2002年修订再版,第259—277页。
② *Ways with Words: Writing about Reading Texts from Early China*, edited by Pauliner Yu, Peter Bol, Stephen Owen, and Willard Peterson (Berkeley and London: University of California Press, 2000).
③ *A Source Book in Chinese Philosophy*, Translated and Compiled by Wing-Tsit Chan (Princeton: Princeton University Press, 1963).
④ 陈荣捷编著:《中国哲学文献选编(上)(下)》,杨儒宾等译,台北:巨流图书公司1993年版。

经典选读课程的参考书。

五、结　　论

　　本章从理念、策略与方法三个角度,析论大学通识教育与基础教育的深化及其实践。综合本章的论述,我们可以说,大学通识与基础教育深化的根本理念,在于"回归人本身"此一基本立场,只有将教育落实到学生的生命之上,我们才能够彻底矫正现代大学的物化与工具化的趋势,使人成为教育的主体,而使大学所传授的知识,可以真正为学生创造道德的福祉。我们也指出,深化大学基础与通识教育的策略,在于要求知识与实践结合,并且将教学活动与思考活动加以统一,以便使学生成为一个思考的主体与实践的主体,而不再只是接受各种"套装知识"的一个客体。我们也指出,深化基础与通识教育的具体方法,在于讲座课程的推动,以及以原典选读为基础的课程。

　　总之,回顾过去,大学通识教育的改革虽然已经初见成效,但是,展望前程,距离理想的目标仍相当遥远。"路漫漫其修远兮,吾将上下而求索"(《楚辞·离骚》),二千多年前屈原的感叹,正是今日关心大学通识教育改革的教育工作者共同的心声。让我们以无比的信心与爱心,继续踏上征尘,为通识教育而努力!

第六章 大学医学教育中人文精神的提升:通识教育的新思考

一、引 言

在以上各章讨论了深化大学通识教育的理念、策略、方法及具体的做法之后,我们选择在台湾高等教育史上历史最为悠久的医学教育作为焦点,进一步析论医学教育中的人文通识教育。本章探讨的问题是:在21世纪刚揭开序幕之际,在台湾的医学院校中,我们应如何提升主修医护学科的学生的人文素养?这个问题之所以值得思考,是因为包括台湾地区在内,几乎大部分的亚洲国家和地区都是功利主义盛行,台湾更是如此。在台湾社会中,能够考上热门科系,特别是医学系的学生,都是各级考试的胜利者,其中有些人可能是未来台湾资本主义社会中既得利益阶级的后备部队,他们的生命常常由于累积的"胜利"而不能免于傲慢。用佛家语来讲,也就是"我慢贡高"之心比较重。若干学生怀抱"我慢贡高"的态度与心情来开展他的人生,常常误入人生的歧途,所以才有药学博士,在从事博士后研究的时候,在实验室里生产毒品,经由表哥的网络贩卖,遭逮捕并判刑12年半的悲剧。

从这个观点来看,在医学院校任教的老师,所面临最大的挑战,可能不是在于教导书中的专业知识,而是在于如何消除学生因为过去人生的顺遂而来的傲慢之心。在这一个心中的野马尚未被驯服之前,获得再多的知识,可能只会增加他未来作奸犯科的能力而已。医学院校的学生之所以较易陷入傲慢而不自知,常是因为他们的专业掌握人的生和死。消除这种傲慢之心当然有各种办法,比如说专业知识的教导可以使他知道在知识之海中,自己不过是"渺沧海之一粟",进而从人的有限性之中学到谦卑。但这样的取径毕竟比较迂回。从人文教育着手可能是较为直接而有效的一个方法。

那么,什么是"人文"呢?这是一个非常关键的问题,让我们从古代经典中找答案。《易·贲卦·彖传》说:"观乎天文以察时变,观乎人文以化成天下。"南宋大儒朱子(1130—1200)编《近思录》曾引这一段话并加附注云:[1]

  盖天下之灿然有章者,同谓之文……,人伦条理,各止其人力,乃人之文也。君子观之而有以成天下之化。

由此可知,"人文"当然是指具体的、人与人之活动及其成果等现象,以上引文中所谓"君子观之"的"之"字,是个虚词,可以读出不同的意义,较可能的解读是:这种知识是包括现象及现象后面的原理,特别是现象背后的原理,才是"人文精神"。

但是,我们要注意:"人文精神"并不等同于"人文知识","人文知识"基本上是记忆性的,"人文精神"则是批判性的、思考性的一种思考态度或方法,"人文精神"并不等同于"人文知识","科学精神"也不等同于"科学知识"。本章就是想在上述"人文精神"的基础上,探讨医学教育和人文教育的关系,并对于医学院校的通识教育提出具体的课程安排之看法。

二、医疗事业以人文关怀为中心

医学教育以人文关怀为其中心,医学之所以可能,乃是源自于一颗慈悲的心,因"人"先于"病";而病所以是病,是因为它发生于人的身上,比如说细胞的快速成长扩散是一种现象,但是这种现象发生在一个人的身上,我们称它作癌症,我们因为不忍心看到那个人的痛苦,所以我们要去治疗这种病。换言之,治病是为了救人,不是为了成就医生的名誉或学术研究

---

[1] 朱熹:《近思录》卷二。

目标,我们不能把病人当做医生或是救人以外之目的的工具。

当前台湾的医学教育问题甚多,许多医界前辈学者析论甚详。在诸多问题之中,医疗人员未能"视病如亲",造成"病人主体性的失落"为最严重之一,而造成这项缺点的一个最根本的问题,就是以自我为中心的(egocentric)世界观。若干年前,美国有一位老太太,自隐姓名,自称为"和平朝圣者"(Peace Pilgrim),她穿了一件衣服,上面写着"Peace Pilgrim",她写了一本书叫 Steps Toward Inner Peace(《步向内心的安宁》),提出许多论点发人深省,她说:[①]

> 我们往往因为感到孤立而依主观来评断一切,把自己当成宇宙的中心,事实上,我们每个人都是全人类的一分子,我们没有办法完全遗世而独立,隔绝于其他同胞之外,我们也没有办法单单为自己寻得内心的安宁。
>
> 因此,唯有当你从更高的角度去看,你才知道世间万物本为一体,愿意奉献己力为整体谋福祉时,才能真正找到内心的安宁;如果你的一切行事都仅仅是为了自私的小我,这就好像一个细胞单独对抗所有其他的细胞一样,将造成极度的不和谐。一旦你开始为整体利益而努力,你就会发现,你和所有人类、家族都能和睦相处,这是一种轻松自在而又和谐自然的生活。

上述这位"和平朝圣者"的观点,和东亚伟大的经典所展现的伟大心灵所教导我们的话完全一致,都触及到人的自我为中心的世界观。而"以自我为中心的心态"实源出于人不能够正视"自我"是处于"关系世界"之中。20世纪伟大的以色列哲学家马丁·布伯(Martin Buber,1878—1965)在《我与你》这部书中,对这项观点有淋漓尽致的发挥。《我与你》这本书一般公认是 20 世纪哲学的经典著作之一,布伯认为经验世界屈从于原初词"我—它",而原初词"我—你"则创造出关系世界,这关系世界呈现为以下三种境域:[②]

1. 人与自然相关联的人生:这种关系飘浮在幽冥中,居于语言无法降临的莫测深谷。众多生灵在我们四周游动孳生,但它们无力接近我们,而

[①] 和平朝圣者著:《步向内心安宁》(Steps Toward Inner Peace),雷久南、严世芬译,台北:琉璃光出版股份有限公司,第30—31页。

[②] 布伯著:《我与你》,陈维刚译,台北:桂冠图书公司1991年版,第5—6页,引文略作修饰。

当我们向其称述"你"时,吐出的语词却被囚禁在语言的门限内。

2. 人与人相关联的人生:这是公开敞亮,具语言之形的关系,在此间我们奉献并领承"你"。

3. 人与精神实体(spiritual beings)相关联的人生:这是朦胧玄奥但昭彰明朗之关系;这是无可言喻但创生语言之关系。在这里,我们无从聆听到"你",但可闻听遥远的召唤,我们因此而回答、建构、思虑、行动。我们用全部身心倾述原初词,尽管不能以言语吐出"你"。

布伯又提到"人生不是及物动词的囚徒。那种需事物为对象的活动并非人生之全部内容。我感觉某物,我知觉某物,我想象某物,我意欲某物,我体味某物,我思想某物——凡此种种绝对构不成人生"[①]。理想的医学教育,也应该是建立在如上面所说加强人在诸多关系之中深切互动的教育。但是,台湾的医学教育中的人,却出现不甚健康的现象,就是只训练医生成为孤零零的"自我"而已。刘兆玄教授最近推动一个多媒体通识讲座课程,投入许多的资源,以"人与自然"作为主题,因为21世纪最大的问题,是人如何与自然和谐相处这一个根本而重大的问题。例如石油在未来40年会用尽,天然气在未来70年也会用完,现在很多能源科学家正在发展"能源电池"等绿色科技(green technology),不过这些科技要真正发展,必须要在人与自然关系的哲学上,能够有更好的安顿。

三、医疗事业中人文精神的开展

那么,在医疗事业中,人文精神应如何开展?让我们先从史怀哲(Albert Schweitzer, 1875—1965)的论点开始。史怀哲这个人非常的特别,他有四个博士学位,后来还得到诺贝尔和平奖等等,他在40岁的时候,突然放弃一切,到非洲的一个称为"兰巴德"的地方,开设一间小医院照护黑人。我读史怀哲,常常深深为他的精神而感动。史怀哲堪称是20世纪西方的圣人。史怀哲在1915年40岁的时候,想出"敬畏生命"的理念,他说:[②]

我想当医生是因为我不需要讲话也能工作。多年来我是靠说话

---

① 布伯著:《我与你》,陈维刚译,台北:桂冠图书公司1991年版,第4页。
② 《史怀哲自传》,第114页。

来奉献自己,我也欣然接受了神学教师或牧师的职位。但在未来新的工作中,我则不能以讲"爱的宗教"来表现自己,而只能以实际行动来实践它。无论这条服务的道路将把我带往何处,医学知识却可以使我以最好最完善的方式去实现我的意愿。根据传教士的报道,在非洲赤道地方对医生的需求是燃眉之急,因此我在考虑前往那地区工作的计划时,医学知识的获得就显得特别需要。传教士常常在他们的杂志中抱怨,土人害病前来求治的时候,他们却无法给予所需要的帮助。因此我认为,为了将来有一天成为这些可怜的人所需要的医生,现在先当医学院的学生是值得的。每当觉得自己所要牺牲的时间未免太长时,我就提醒自己:哈密尔卡与汉尼拔为了准备进军罗马,也经历了长久的时间先征服西班牙。

史怀哲很清楚地知道他当医生的目的,是要到非洲去行医救世,为达到这项目的,时刻鞭策、提醒自己目前所花的时间,是为了解救将来非洲那些可怜的人而准备的。史怀哲的典范所展现的就是"人文精神",这种"人文精神"是医疗事业的根本基础。

那么,"人文精神"在医疗事中要怎样展开呢？首先我们要对近代西方医学的哲学基础有所批判。近代西方医学的哲学基础,可以说与笛卡尔式的世界观(Cartesian worldview)有密切的关系,强调作为主体的人、医师、研究者,对作为客体的病之克服,这是一种征服性的世界观。这种世界观其背后有启蒙文明中"以人作为中心"的思想。这种"以人作为中心"的观点,认为一切的病或病菌都是要被克服的。我们要问:从这样的一个世界观、宇宙观,衍生出各种医学理论与治疗技术等等,到底在什么样的程度之内是正确的？在 21 世纪,是否可能提出一种从新的人文思考出发的医学哲学？如果我们在亚洲地区从事医疗工作的师生,能够深入东亚文化传统,要达到这个新的人文思考是有可能的。例如"什么是人的身体"这个问题的思考,就是一个可能的出发点。医生每天所处理的是人的身体,特别是病人的身体。近代西方启蒙文明中所看到的"身体",是一个物质的身体(physical body),但是,人的身体除了是一个物质的身体之外,更应该是一个身心合一的身体(psycho-somatic body)。东亚的文化传统对"身体"这个问题蕴蓄深刻的智能,21 世纪应该是一个从所谓"东亚"出发思考的新世纪。近来日本一些很通达的知识分子,呼吁应"从亚洲出发思考"。从亚洲出发来思考,我们就可以提出许多有关东亚思想传统中身心关系论的重要命题。

第一个命题是身心之间具有互相渗透性。日本阳明学的思想家大盐中斋(平八郎,1793—1837),因 1837 年 2 月发生全国性的饥荒,官方不开仓赈民,他遂在大阪领导农民起义,事败自焚而死,得年 44 岁,留下很多著作,其中有一本是《洗心洞札记》,"洗心"二字出自《易经》,他说:①

> 自形而言,则身裹心,心在身内焉;自道而观,则心裹身,身在心内焉。其谓心在身内者,一遗操存之功,则物累我;其觉身在心内者,常得超脱之妙,则我役物。役物与累于物之别,学者宜知之。

大盐平八郎认为,从外表的物质的形成来讲,"身"裹着"心","心"在"身"之内;但是从"道"的观点来讲呢,"心"裹着"身","身"是在"心"里面。身心是一种互相渗透的关系。上引大盐中斋的文字的末段也带出了第二个命题,即心对身具有支配性,如果选择"心在身内",则将为外在的形体所牵累,失去"心"的主体性;但如果选择"身在心内",则"我"将成为身体的主人。而要达到"身在心内",则需要第三个命题,即"养心"的必要性,在东亚的思想传统中,讲究"养心"的功夫是其最大的特色。以上我所提出的三个命题的身心关系,如果在医生的养成教育中,多加引导启发,对于他未来执行医生的专业,一定会有很大的帮助。

再进一步说,建立在上述基础上的新人文思考中的医病关系,我认为从东亚观点来讲,应该是建立在同理心(empathy)之上,孟子就讲过"他人有心,予忖度之"。我们要教育学生,特别是医学系的学生把人当做是有机体,而不是当做机械体,让他们体认到,作为有机体的人——病人与医生,是同质的而互相感应的。同质的而互相感应这个观点,发挥得最清楚的学者之一就是心理学大师荣格(Carl G. Jung),他是瑞士心理学家,荣格不是汉学家,但是他为德国汉学家卫理贤(Richard Wilhelm)所翻译的《易经》德文版写了一篇很长的《导言》,他说中国的思想有一种特点,他称为"共时性原理"(Principle of Synchronity)。中国人非常强调经由人与人之间的同理心而产生的感应,例如王阳明(守仁,1472—1529)的《大学问》说:②

> 大学者,昔儒(朱子)以为大人之学矣;敢问大人之学,何以在于

---

① 大盐中斋:《洗心洞札记(上)》,收入《日本思想大系·46》之《佐藤一斋·大盐中斋》,东京:岩波书店 1980 年版,第 6 条,第 567 页。
② 王阳明:《大学问》,收入《王阳明全集》,上海:上海古籍出版社,下册,第 968 页。

"明明德"乎?阳明子曰:"大人者,以天地万物为一体者也,其视天下犹一家,中国犹一人焉;若夫间形骸而分尔我者,小人矣。大人之能以天地万物为一体也,非意之也,其心之仁本若是;其与天地万物而为一也,岂唯大人,虽小人之心,亦莫不然,彼顾自小之耳。是故见孺子之入井,而必有怵惕恻隐之心焉,是其仁之与孺子而为一体也。孺子犹同类者也;见鸟兽之哀鸣觳觫,而必有不忍之心焉,是其仁之与鸟兽而为一体也。鸟兽犹有知觉者也;见草木之摧折,而必有悯恤之心焉,是其仁之与草木而为一体也。草木犹有生意者也;见瓦石之毁坏,而必有顾惜之心焉,是其仁之与瓦石而为一体也。"

所谓"大人者,以天地万物为一体者也",放在医病关系来讲亦相当适合,医生要把病人当做是"一体"。这种医病之间的"一体感"就是医学教育中的人文精神。

四、人文精神在医护院校通识教育中的落实

以上我提出的这个理想,若放在今天台湾医学院校的教育中,要如何落实呢?首先,各高等院校可以考虑设立"教师发展中心"或"教学提升中心"之类的单位。通识教育课程在各高等院校大部分都是数量非常繁多,"校园民主"的口号席卷各高等院校,所以老师(特别是通识教育的老师),在学术自由、教学自主的口号之下,开设大量自助餐性质的课程,但全校的诸多课程之间欠缺一种"结构的整体性"(structural holism),因此在学生知识的成长过程中,常常缺乏一种发展的整体性。我们应该要有专责机构,如"教学研究中心",或是"教师发展中心",从事通识课程的规划。规划的原则可以多元多样,我在这里提出以下三点原则性的指标:

1. 基本性:我们要经由课程来培养学生运用中英语文的基本能力,其中特别重要的,是要培养对中西经典著作中重大问题的娴熟。许多学生因为较少受到经典作品的启发,有点像是"失根的兰花"、"漂泊的浮萍",他们人手一只大哥大,常常把未经沉淀的感情通过手机传递给他的朋友,与同时代的人沟通很多。我们的学生跟古往今来、古今中外伟大的心灵,以及中外经典的作者们,很少经过一个惊心动魄的对话,这就是

在他们的教育过程中缺乏触及基本性的课程。

2. 主体性：我们要以中西经典教育来唤醒学生人之作为人、人作为一个主体的自觉。

3. 通贯性：我们可以以系列通识教育讲座之授课方式，拓深课程之通贯性与连续性。目前各大学都有这种讲座课程，大部分都不太成功。我记得几年前，在某个地方有人请张忠谋去演讲，演讲完毕听众提问时，许多学生不是来听张忠谋这个人如何成为现在这个人，或是他在哈佛大学部受到哪些好的通识教育，学生不关心这些教育本质上的问题，反而问："请问张董事长，您如何把台积电经营成世界一流的企业？"像这样的问题，实在不应该是一个18岁至22岁的人应该关心的问题，在那些学生的眼里，张忠谋大概不是一个人，而是一张美钞加上两只脚。这个具体的例子告诉我们，我们的教育没有注意到"主体性"与"基本性"等原则性问题。所以，大学的讲座课程必须要有配套措施，例如要有阅读作业、学生请教老师的时间以及必须有助教。如果有适当的配合措施的话，讲座课程的推动将较为顺畅。

那么通识课程如何规划？以下这个表是我纯粹理想中的一个构想：

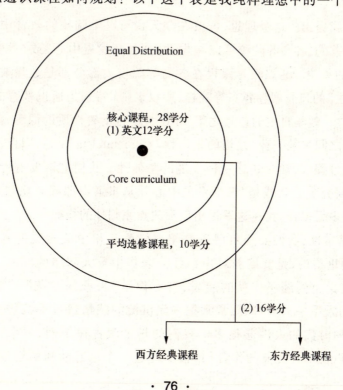

理想中的医学院校的通识教育课程,可以由两个部分组成:

1. 核心课程(core curriculum)28个学分,其中英文12学分,东西文化经典课程16学分:

这28个学分包括两部分,第一个部分是英文12学分,必修三年,六学期,每学期两学分,合计12学分,属于"语文素养"必修的范围,也可以采取外加的方式,也就是不计入固定必修最低门槛128学分里面。另外,如果是取得旧制托福600分以上或新制托福260分以上、或英国语文测验第6级以上及格成绩单者,可以申请免修。英文加强到12学分,这其实是现实上不得已的做法。在21世纪的新时代里,用20世纪中叶意大利左派思想家葛兰西的名言来说,英语是一种"文化霸权"(cultural hegemony)。这种状况对非英语国家的人来讲是一种无奈,因为最近一百年来各学术领域中很多很重要的书,都是用英文撰写的,或是有英文翻译本。我们必须正视英语文是一种"文化霸权"这项令人不甚愉快的现实状况,而努力加强学生运用英文的能力。

第二个部分是学校设计开设的东方或西方文化中各种重要经典的课程。许多学者都强调通识教育应该要增强逻辑分析思考的能力,但是,所谓分析思考的能力,并不一定从"形式逻辑"的课程直接得来,提升学生的分析思考能力最有效的方法之一,就是让学生的心灵,和史怀哲、孔子、苏格拉底、马克思等这些伟大的心灵,互相切磋琢磨,这是提升"文化素养"最重要的一个教育工作。经典阅读为什么这样重要呢?因为生命价值观的启发,透过经典阅读是最有效的一个方法,以上中西文化经典课程16个学分,它应该是必选或必修。

2. 平均选修(equal distribution)课程10个学分:

这部分课程实行的方法是,所有医学院校各系的学生,都必须选修人文社会科学的专业或者通识课程。另外,我们也应该像哥伦比亚大学一样,所有的人文社会课程都必须要有写作训练,所有的自然科学通识课程学生都要进实验室。

以上这样两个部分加起来大约38个学分,应该就可以给医学院校的学生,一个相对来讲比较好的通识教育。

五、结　　论

最后,在近代史上,医护人员(特别是医生)在亚洲国家从"传统"迈向"现代",尤其是在中国大陆和台湾,扮演了一个非常重要的催化剂角色,例如历史上的孙中山(1866—1925)、文学家鲁迅(1881—1936),还有带领台湾知识分子反对日本殖民运动的蒋渭水(1891—1931)等,这些人都是医生,怀有医学救国的赤诚热血。由于医生这种行业和现实社会结合很深,常不自觉地与社会既得利益阶级挂钩,所以,我们在培养未来的医生的教育过程中,更需要使学生成为一个顶天立地、敦品励学的新知识青年。我们要培养的学生,正因为他是从传统迈向现代中很重要的催化剂,因此我们更要培养他们成为台湾功利社会里面的中流砥柱。只有优质的人文通识教育,才能为医护院校的学生落实中西教育的基础,奠定终身学习的能力。

第七章　当前大学通识教育的非制度性危机及其因应对策

一、引　　言

最近20年来,台湾的大学通识教育在关心大学通识教育人士的努力之下,已经取得了一定的成绩。很多高等院校负责人都强调通识教育很重要。特别是教育当局两梯次基础教育计划的研究工作推动以后,确实已经取得一定的成效。本书第四、五、六等三章,讨论大学通识教育从普及到深化的发展方向及其细部计划。在这样一个关键的时刻里,我们应该思考的问题很多,例如:台湾大学通识教育根本问题在哪里?除了表面的热闹荣华之外,是否有什么危机?我们应该如何因应?本章接着分析这些问题。

过去这几年来,大学通识教育表面上很热闹,但是通识教育实际上仍面对一些危机,我们大概可以归纳为两个方面:第一是制度性的危机,第二是非制度性的危机。制度性的问题比较容易被发现,举例言之,台湾的各种学术奖赏制度,造成大学通识课程师资难求。这些奖赏都是以专精某一个特定小领域的研究成就为考量,很少老师因为教学很认真,特别是开授大一、大二共通课程而得到学校高度的肯定。已经退休的美国芝加哥大学著名的历史学家麦克尼尔(William McNeill),因为教学成绩优越,得到芝加哥大学杰出教学奖,但他从不写专业研究论文,他只写通识性的教科书,有好几本得到国家著作奖,他因为教学成就而成为芝加哥大学讲座教授。台湾的学术奖赏制度并不够周延。台湾清华大学前任校长沈君山当年感叹,大学通识教育就行政方面而言没有人愿意管,老师方面没有人愿意教,学生方面没有人愿意认真上课。这些问题至今仍在,这是第一个制度性问题。

第二个制度性问题,是随着校园民主的风起云涌,这十多年来的高等院校课程审议制度难以落实的问题。台湾的高等院校将近160所,但只有极少数学校的通识课程实施三级三审制,各级审议委员会审议开课计划书,必须检附开课教师近三年内与这个课程相关之各种论著、学经历、著作目录等资料。这套课程审议机制,可以使过去多年来一些被传为笑柄的通识课程自然排除。课程审议制度的落实是制度性的第二个问题。

第三个制度性问题是台湾特殊的非常僵硬的会计制度与经费运用不够弹性的问题。本章讨论的重点不在于制度面的问题。相反的,本章将就非制度面的问题进行剖析。

二、危机(一):"反知识主义"心态

当前大学通识教育的第一个非制度性问题就是大学理念的日趋模糊,许多学校的行政负责人、教师与学生,对待通识教育的心态问题尚待调整。这种心态问题虽是非制度性的,但其影响力却不容小觑,会构成通识教育发展的危机。这种危机我将它归纳为两类,第一类可以称为"反知识主义的心态",我们知道"反知识主义的心态"原是思想史的一个专有名词,它包括两个含义:第一种是反对有知识的人(例如大学教授),美国文化传统中就存有这种反知识主义的思想倾向。第二种类型的反知识主义,就是反对知识其本身,譬如说庄子(约前399—前295)就对知识抱持怀疑的态度。这种"反知识主义"似乎随着我们这些年来的教育改革,特别是大学通识教育的改革,而有卷土重来的趋势。这种趋势的台湾版本,基本上是反知识而不是反知识人。在一些大学里,通识课程日趋逸乐取向,这种趋势在研究型大学固然如此,在技职院校体系高等院校尤其严重。

我们如果上各大学网站,把各大学开授的所谓通识课程全部下载,就会发现有很多所谓通识课程,其知识的承载度相当低,甚至有的课程隐含一种反对知识的态度。通识课程日趋逸乐取向,这是一个普遍的病态,这种病态植根于最近十余年来高等教育的快速扩张,师资不够,因此有很多年轻的高等院校教师,对于大学教育还缺乏初步了解就已经为人师表,也因此,他们所规划出来的课程就难免问题丛生。我觉得这个问题若未获改善,教育部即使再投资千万元,恐怕也都是付诸流水。这种逸乐取向的问题很多,我们不必一一列举。譬如某老师开一门课,是要带领学生来体认人与自然的关系,他就带着学生到操场躺下来,闻闻泥土的芳香,这是授予三个学分的课程。另外,也有人引进美国中小学的课外教学活动如"通识护照"之类,作为授予学分的课程在大学开课。这种未经深思的课程,基本上不是学生的问题,而是老师首先应该自我批判的问题。

上述第一个危机会导致相当严重的结果。第一,大学作为一个知识社群与非知识社群的界线,会愈来愈趋模糊。在这样一个很不利的知识环境中,这种逸乐取向的课程对于大学的自我摧毁具有加速的效果。第二,我们知道"通识教育"这四个字,在高等院校一些师生的偏见中,是一个被污名化的名词。一些人一讲到"通识教育"就想到旧时代的"共同必修科目",就想到学校里诸多低水准的课程。研究有成的老师通常不愿意对于大学一、二年级学生,赋予一丝丝的关怀。"通识教育"已经长期被污名化,而上述这一种反知识主义心态下所规划的所谓通识课程,正好加深了学校同仁及一般未经深思的大学学生对通识教育的误解。以上是当前第一个通识教育的弊病。

三、危机(二):"功利主义"心态

第二个危机是功利主义心态问题。"功利主义"在边沁(Jeremy Bentham,1748—1832)的政治哲学理念中,是指创造最大多数人最多数的福祉而言,但我在这里所说的"功利"一词,取其宽广的定义,指许多的老师,特别是高等院校里面负责行政职务的人,把通识教育作为达到其他目的的手段。换言之,通识教育基本上是一个过渡性的、手段性的工具,通识教育本身不是目的。这种心态非常的普遍,它常表现为以下两种形式:第一,台湾许多大学基本都不是全科大学,也就是说它不是各个学门或领域都具备的大学,常常是以理工学院、医学院或商学院为主。台湾绝大部分的大学都是学门不均衡的大学,也因此,基本上都具有专业挂帅的倾向。即使学门完备的研究型大学,也是普遍重专业而轻通识教育。许多的大学领导人,包括教务长,常把通识当做专业教育的肥料。一些医学院校的负责人认为这些学校的通识教育应开台湾医疗史,再加开一些刑法、民法等课程,因为医学生毕业之后,常常会有医疗纠纷,通识教育可以帮助开这一类的课程。这种心态认为通识教育存在的理由是为了专业教育。在这个基础上,通识教育是一个手段,它不是一个目的。

第二种功利主义的表现是最近十年来出现的一种特殊状况,就是通识教育被引导到为一个特定的政治目的而存在。举例言之,为什么要学历史呢?历史教育就是要拓展学生生命中的深度,这个学生能够把现象放在时间之流里面来思考,从而扩展学生的心胸,增加他生命的厚度,使他不再是"不知有汉,无论魏晋"的一度空间的人。如果学校规定学生只要必修台湾史,完全不教中国史或世界史,这就是对历史教育错误的认知,这种错误的认知所导致的结果,比把历史教育当成人名地名加上条约的历史教育还要严重。

这两种不同形态对待大学通识教育的心态,造成两种不好的结果:第一种是造成教育的"隧道效应"。譬如说有些商业技术学院只教台湾商业史,工学院只教台湾工程发展史。这种开课政策引导学生好像开汽车走进隧道里面,只看到隧道内的状况,隧道外面美好的风光则完全茫然无知。第二种现象则更为严重,那就是把学生训练成政治的工具,这种做法和旧时代以"国父思想"作为共同必修课,并没有本质上的差异,都导致教育的自我异化。"异化"是指一个人、一个机构、一个大学或者是一个单位通过自身的活动(譬如说学校的教学活动),而导致它与自身之所以存在的目的相对立的结果。2001年台湾通识教育学会对科技大学的通识教育访视显示,几乎所有的学校都提倡"全人教育",但是有些学校的通识教育的实施,却直接或间接地造成教育自我异化的效果,再加上专业挂帅推波助澜,使这个状况更为严重。

四、因应对策:回归教育基本面

以上简单探讨当前通识教育的两个危机,这两个危机有待关心通识教育的朋友集思广益,共同思考回应对策。因应的对策可以多元多样,但根本原则是:我们要回归教育的基本面。通识教育有别于各种专业教育,它是最重要、最根本、最深刻的一种教育。我们应首先深思:什么是通识教育?如果通识教育的目的在于启迪学生的心灵,开拓学生的智识,那么,中西文化教育可能是值得我们特别深思的一个方向。中西经典课程如果能推动配套措施,包括硕博士生担任教学助教,就会做得更好。经典课程的设计,确实需要特别用心,例如我们可以用一些特定的主题如真、善、美、正义等等作为选择经典文本的主题;或是以古今中外伟大而深刻的思想家及其作品为主题,譬如柏拉图、《论语》等均可开课;或选择特定的议题,譬如说武器管制、SARS 等;也可以开授跨领域通识课程。我们也可以研读与讨论并重,老师跟学生就上课所触及的深刻问题来互相讨论,就会有更好的效果。

五、结　　论

21 世纪刚刚开始,我们大家都特别关心大学教育的转型,我们好像站在一个十字路口上。往后回顾,我们看到 20 年来,经过大家的努力,通识教育已经蔚为风潮。我建议,我们也可以回顾,1920 到 1930 年代美国的高等教育也处于类似的十字路口。赫钦斯(Rober Maynard Hutsins,1899—1977)以三十之龄,接任芝加哥大学校长(1927—1945),其后出任芝大的 Chancellor(1945—1951),在相对短的时间之内,将芝加哥大学提升成为一个世界级大学。赫钦斯的教育哲学就是经典教育为主。另一种教育理念就是杜威(John Dewey,1859—1952)所主张"生活即教育",1919 年杜威应当时的东京帝国大学(现在的东京大学)之邀,担任一学期的客座教授,他的演讲稿后来集成一本书,题为《哲学的改造》。杜威提出所谓"实验室的生活态度"等等。到底我们要走哪种路?值得我们思考。

21世纪海峡两岸华人社会的高等教育都努力于迈向新的境界,我们可以将通识教育作为一个文化创新运动,阅读伟大而深刻心灵所留下来的记录,也就是古今中外伟大的经典著作,这是通识教育的一条坦途;甚至是自然科学课程,如果老师在教学之余,让学生重读中文翻译的爱因斯坦相对论,并一起讨论,对老师及学生都是终身受用不尽。让我们以正确的通识教育理念,解除当前的危机,迈向鸟语花香、落英缤纷的新未来。

第八章 社区大学教育与通识教育的融合:理念与策略

一、引 言

在本书第一及第二部分共七章的论述里,我们讨论了全球化时代中,大学通识教育所面临的新挑战及其发展之新愿景、策略与方法。现在我们在第三部分论述中,接着分析探讨与大学通识教育相关的周边环境:第一是大学门墙之外的社区大学教育,第二是大学门墙之内的校长遴选问题。本章分析第一个问题。

社区大学教育与通识教育改革,是最近十余年来台湾教育改革事业中最引人注目的两项改革运动。社区大学从草根社会入手透过普及教育而落实"终身学习"的理想,并厚植"公民社会"的基础;大学通识教育则从高等教育切入,培育学生"终身学习"的基本能力,并为"公民社会"的建构预作准备。那么,社区大学与通识教育两者之间应有何种关系呢?本章写作的目标,就是针对这个问题加以剖析。本章中心论旨在于论证:社区大学与通识教育之间存有有机性而不是机械性的关系。所谓"有机性的关系",是指社区大学与通识教育在消极方面有其不可分割性,而在积极方面更有其互相渗透性。

为了论证本章宗旨,我们首先探讨现阶段社区大学运动的成就及其有待突破之瓶颈;第三节分析社区大学必须加强并提升通识教育之理由;第四节则针对反驳本章论旨的各种意见加以探讨,并就社区大学之性质深入分析;第五节提出在社区大学中实施通识教育的两种策略:古今交流与师生互动。最后一节综合全文论旨,提出结论性的看法。

二、当前社区大学运动的成就、瓶颈及其突破

在思考社区大学中的通识教育问题之前,我们必须先考虑现阶段社区大学运动的既有成就,在于社区大学数量的扩充,以及社区大学运动在相对短的时间内对台湾社会造成可观的冲击。但是,社区大学的局限性则在于其教育的品质尚待大幅提升,才能对台湾社会产生长期而深刻的影响。通识教育正是社区大学运动突破现有瓶颈的重要动力。我们在本节中论述上述这三项看法。

(一) 社区大学运动的成就

台湾的社区大学理念的首倡者是台大黄武雄教授。从 1994 年起黄教授致力推动社区大学运动,1998 年台北市政府教育局在木栅中学开办文山社区大学,这是台北地区社区大学的滥觞。自此之后,社区大学在各地快速发展,至 2001 年全台湾已有社区大学 30 所[①],平均每年成长十所社区大学,速度惊人。社区大学以其弹性的入学资格、入学年龄,以及弹性而多元的课程设计,吸引社区的成年民众就学,对近年来台湾社会产生可观的影响。据蔡传晖的分析,社区大学的推展对于台湾社会的影响包括:(1) 活化社会网络:社区大学成为一般民众与地方性草根社团(例如各社区发展协会),以及非地区性的公益团体或社运活动,共同交流成长的公共领域。(2) 凝聚改革力量:若社区大学在各地普遍设立,则需庞大师资,尤其是以

---

① 包括台北市文山社区大学、台北市士林社区大学、台北市万华社区大学、台北市南港社区大学、基隆市社区大学、台北县永和社区大学、台北县板桥社区大学、台北县芦荻社区大学、台北县新庄社区大学、台北县汐止社区大学、台北县中和社区大学、台北县新店社区大学、新竹市青草湖社区大学、新竹市香山社区大学、新竹县社区大学、苗栗县社区大学、台中县大里公民大学、台中县海线公民大学、彰化县员林镇社区大学、南投县社区大学、埔里社区大学守城分校、云林县社区大学、嘉义市公民大学、台南市社区大学、高雄市新兴社区大学、高雄县社区大学、屏东县社区大学、宜兰社区大学宜兰校区、宜兰社区大学罗东校区、花莲县社区大学。

通识性能力培育为主的课程,如此将有助于扭转重科技轻人文的社会发展,促成大规模人才回乡运动,进而达到平衡城乡差距。(3) 开展公共领域:社区大学可扮演公共论坛角色,任何公共议题都可成为课程的内容及社团关心的焦点,使人逐渐走出过去封闭的私领域生活,而公领域的参与成为生活的一部分。① 蔡传晖的说法大致符合实情,我们只要看 2001 年 4 月 14—15 日,在宜兰所举办的第二届社区大学研讨会之空前盛况,参与者之高昂士气,就可以发现:社区大学运动不但是台湾教育改革运动的重要主流,而且也已经成为台湾社区改造运动的一部分。举例言之,2001 年第二届社区大学研讨会中,"分组讨论"的议题多元而繁复,包括"社区大学与灾区重建"、"社区大学与原住民运动"、"社区大学与台湾农村"、"社区大学与劳工运动"、"社区大学与非营利组织"、"传统宗教参与社区教育"等,具体反映社区大学与台湾各阶级社会运动或力量结合之密切与介入之深刻。

(二) 社区大学的局限性

但是,社区大学在最近三年多以来在量的方面的快速扩充,却也带来了亟待突破的局限性。这种局限性主要出现在课程之有待深化这个问题上。推动社区大学运动的学者对于这个问题业已思考过,例如顾忠华教授就说:②

> 从数量上来看,由零到三十是很大的突破,但社区大学不应只注重量的成长,还必须强调质的提高,这即是第三届社区大学研讨会大会主题的用意所在。我们不讳言,相对于"普及"来说,"深化"必然是更困难的任务,因为以目前各社区大学的规模和经费,相当不容易经营成正式的学校,遑论提供完整的进阶课程,达到将学院的"套装知识"和民间"经验知识"予以融合的目标。而社区大学若不能坚持教育改革和社会改革的立场,认真深化其所展开的教育实验内容,那么它的存在对于社会进步的贡献将极为有限。

---

① 参考:蔡传晖:《社区大学的基本理念与发展现况》,收入:《台北市社区大学教学理念与实务运作(一)》,台北:台北市政府教育局 2000 年 12 月版,第 33—61 页,尤其是第 57—59 页。
② 顾忠华:《社区大学从普及到深化的挑战》,收入:林孝信编:《台湾社区大学导览》,台北:社区大学全国促进会 2001 年版,第 7—8 页。

蔡传晖也明白地指出社区大学教育中"深化"的必要性,他说:①

> 社区大学若仅定位为提供成人学习课程,而无更高层次的理想目标,则只要回归自由市场竞争,鼓励民间自办。然而社区大学的推动目标,并非如此,而是以解放知识、建立公民社会为目标,透过社区大学的推动来为公民社会奠基、发展新的文化。公共性表现在于社区大学是否能在课程的规划上,超越(不是违背)以个人私利为出发点的学习需求,将个人的学习成长与社会整体发展作有机的联结;以及社区大学是否能前瞻社会的发展需求、扶持弱势,扮演引领社会进步改革的基础力量。这些理想都还有待进一步深化落实。

顾忠华从"知识的解放"的必要性着眼,蔡传晖从社区大学作为建立公民社会的基础这个角度来看,都共同地看到了社区大学教育应力求"深化"的必要性。

问题是:所谓"深化"作何解？所谓"深化"可能有两种涵义:第一是指社区大学开授的课程,应在知识内涵上更具有系统性;第二是指社区大学的课程,应回归人之存在的根本问题,深入人的生活世界。从社区大学教育之作为现行建制化的大学教育的"另类"教育方式,以及社大作为社会解放力量这两点看来,社区大学教育的所谓"深入",应该不是指第一种定义下的"深入",而是指第二种定义下的"深入"——深入受教育者的心、深入生活世界。如此一来,我们就可以进而思考"社区大学中通识教育的可能性"这个问题。

(三)"通识教育"的含义

在我们论证通识教育可以作为深化社大教育的动力之前,我们必须先厘清所谓"通识教育"的含义。最近 20 年来,通识教育在台湾的高等院校颇获重视,许多学者提倡不遗余力。但是,从现阶段各高等院校通识教育课程的开授实务来看,许多教师心目中的"通识教育"其实内涵并不相同。有人倾向于以通识教育作为大学前的高中分流教育(理工与人文分组)的

---

① 蔡传晖:《社区大学的历史发展》,收入:林孝信编:《台北社区大学导览》,第15页。

弥补教育;有人倾向于以通识教育为生活常识教育;有人甚至将通识教育等同于逸乐取向的课外活动。我自己曾在我的《大学通识教育的理念与实践》一书中提出我的看法①,所谓"通识教育"可以区分为两个层次:(1)核心课程;(2)一般课程,但是不论是前者或后者,都直接或间接地与"建立人的主体性,以完成人之自我解放,并与人所生存之人文及自然环境建立互为主体性之关系"这项教育目标有关。我们可以说,所谓"通识教育"就是一种建立人的主体性并与客体情境建立互为主体性关系的教育,也就是一种完成"人之觉醒"的教育。以上这一个定义中的"主体性"一词,可以从两个方面厘清其实质的意义:

第一,所谓"主体性"是指"主—客"对待意义下的"主体性",其具体涵义在于:受教育者是一个"主体",相对于受教育者以外的客观情境(诸如文化世界、社会、政治、环境或自然世界)等"客体"而言,不论就发生程序或就重要性而言,"主体"均优先于"客体",只有受教育者才具有优位性。所谓"通识教育"就是一种促进人的主体意识觉醒的教育,使人可以挺立心志,自作主宰,而不再屈从于人以外的"客体"的宰制。

第二,通识教育定义中的所谓"主体性"也可以是指"主—副"对待意义下的"主体性"。在这个意义下的"主体"是指受教育者,而"客体"则是指教育的实际效益,诸如富国强兵、经济发展或高科技发展等。相对于教育所能创造的实际效益及其延伸效果而言,受教育者的人格的建立与道德福祉的提升,更具有本质性的地位,因而也有绝对优位性。

以上不论是从"主客对待"或从"主副对待"而言,只有受教育者才是教育活动的主体。从这个角度来看,我们也可以说,"通识教育"就是一种朝向完整人格的建立、促成人的自我解放的教育。

厘清了"通识教育"的定义之后,我们就可以清楚地发现:有些大学所开授某些实用性的课程,如"宠物保健"、"宝石鉴定"、"证券入门"及"汽车修护"之类,实在与通识教育的目标相去甚远,因而虽然也许在有些学系可以作为一般性之选修课程,但却不适合列为通识教育课程。我所提议的在社区大学中推动的通识教育,就是指以唤醒人的主体性为目标的通识教育。

---

① 以下有关通识教育的定义,取材自拙著:《大学通识教育的理念与实践》,台北:台湾通识教育学会 1999 年版,第 32—39 页。

三、社区大学中通识教育的重要性

在说明了通识教育的含义之后,我们接着从两个角度进一步论述社大运动中通识教育的不可或缺性。从社大的教育目标来看,通识教育正是建立"公民社会"并奠定"终身学习"能力的根本基础。从通识教育的现况来看,如能将通识教育拓展到社大教育,则可以克服大学通识教育仅在高等院校正式结构中实施,以及学习者年龄阶层之断裂等两大问题。本节的论述阐述以上这两个论点。

(一) 从社大教育的目标来看

社区大学的推动者所提出的社大教育目标主要有二:第一是以社大教育建设健康的"公民社会"(civil society)。康宁汉(Phyllis Cunningham) 2001 年 4 月在第三届社区大学研讨会发表演讲指出:虽然今日的社会通常为市场及经济所主导,但是"公民社会"的建构仍极为重要,教育工作者对于促进公民教育发展实在责无旁贷。教育工作者必须视自己为共同学习者(co-learners),与社区共同学习成长。康宁汉引用著名的成人教育学者 Freire 所提出的观点,认为真正的教育并不是将理论(theory)与实践(practice)分离。成人教育者不能一味地将知识灌输至学习者脑中,而必须培养学习者自主积极的学习态度,与现实生活的真实问题产生互动,并使学员以主动、批判的态度来检视问题,透过社会活动使学员成为知识的产生者(knowledge producers),将社区带入课堂,使课堂融入社区。传统的大学通常被认为是培育出知识分子的谷仓,高等教育被企业化,知识分子的培育是为了符合市场的需求,因此使得知识等同于权力。康宁汉并以一群台湾主妇共同抵制麦当劳之经验为例,指出这群主妇抵制麦当劳所提供之垃圾食物及所造成的环境污染,进而团结一致实践回收的行动,就是经由学习、行动、再学习、再行动,这群主妇透过批判社会而成为有机性的知识分子(organic intellectuals)。康宁汉强调,学习者应积极参与各项社会决策,不但可以促使权力的重新分配,并可达到个人转化,实现社区教育的真谛。康氏在演讲中强调"公民社会"的重要性,认为市民应培养扮演决策角色的能力，积极参与各项公共事务活动，促进民主社会的形成。社区大学教育正是建构"公民社会"的重要途径。① 康宁汉的意见与蔡传晖互相辉映。蔡传晖主张社区大学之设立系以"培育现代公民"为目标，而以学术性课程与公共参与为其特色，社区成人教育的目的是在协助个人，透过社区来强化个人与社会的联结，与欧洲的成人教育传统较为接近。②

　　社大教育的第二项目标是经由回归经验而完成知识的解放，黄武雄与林孝信将这项教育目标阐释得最为清晰。黄武雄展望 21 世纪，认为新世纪的来临，"套装知识"将逐渐瓦解，符合人性的"经验知识"宣告复活，而社区大学将成为强调"经验知识"的前导。黄武雄主张传统学校的"套装教育"抹杀了人的创造性，使人的意识趋于工具化，这随着新世纪的来临将逐渐解构，取而代之的将是以学习者为主体的"经验知识"，才能启迪人的心智，促发人的知性成熟。社区大学强调的是"经验知识"，并提出刻画"经验知识"的三个原则：问题中心、经验穿透、回归根本问题，经由这三项原则而促使知识解放，将知识重新定位。③ 黄武雄将"套装知识"与"经验知识"加以二分，虽不免失之僵硬④，但他所指出的社大教育应回归根本（所谓"Re-

---

① Phyllis Cunningham, "Authentic Community Education",收入：《第三届社区大学研讨会：社区大学从普及到深化研讨手册》，宜兰：财团法人宜兰社区大学教育基金会 2001 年 4 月版，第 33—36 页。
② 蔡传晖：前引《社区大学的基本理念与发展现况》。
③ 黄武雄：《套装知识与经验知识——兼谈社区大学学术课程的定位》，收入：《2001 台湾社区大学导览》，台北：社区大学促进会 2001 年 4 月版，第 17—22 页。
④ 黄武雄认为所谓的"知识"不是书本或其他资讯上的文字符号，而是由人与世界互动而来，包含了从书本及资讯中汲取他人的经验，及自身的直接经验。而社区大学的规划，便是从这种互动过程中着眼，并建立良好的互动场域。传统学校的"套装知识"是把人所认识的世界整体样态筛选，抽离个人特殊经验，再作分门化、系统化、客观化、标准化编制成的知识体系。"经验知识"则是以学习者为主体，不断与学习者经验起共鸣或冲突，而产生的知识。今日台湾教改的核心问题，则是如何将知识重构，亦即解构套装知识，使之与经验知识融合。黄武雄主张套装知识不但无助于催化学习者的知性成熟，而且压抑了人的创造力，但由于它方便于将人训练成专业知识的操作者，在 19 世纪以后各国推行国民教育之际进驻各级学校，成为知识唯一内容。但抽离个人经验的套装知识只提供知识的骨架，没有血肉，也使人的思维意识趋于工具化及技术化。所以，黄武雄主张社区大学强调经验知识，融合经验知识与套装知识，以七比三左右的分量（经验七，套装三）调整内容。在社区大学的学术课程中，提出刻画经验知识的原则有三：（一）问题中心；（二）经验穿透；（三）回归根本问题。见黄武雄：《套装知识与经验知识——兼谈社区大学学术课程的定位》，第 17—20 页。黄武雄上述讲法极具卓识，但是他为了强调社区大学教育与建制化的大学教育之不同，而忽略了所谓"套装知识"与"经验知识"之间并不具有"不可共量性"（incommensurability）这件事实。在很多状况下，"套装知识"常常是"经验知识"的精致化与系统化，而经由大学教科书等管道，进行更有效的传播。当然，"套装知识"因为高度系统化而较容易被既得利益阶级掌控乃至宰制，因而被扭曲为"意识形态"而背叛学术，这种转化的可能性也值得我们付予高度注意。当代人类学家葛兹（Clifford Geertz）强调学术与意识形态的差别正是在于：学术可以对意识形态进行客观了解、批判，并迫使意识形态必须面对事实。参考：Clifford Geertz, *The Interpretation of Cultures*（New York: Basic Books, 1973）, chap. 8, "Ideology as Cultural System", pp. 193—233, esp. pp. 232—233。

turn to the basic")、回归人的原初经验与生活世界,确实是真知灼见。

林孝信所提出的"知识解放"的见解与黄武雄不谋而合。林孝信提倡"知识解放"是教育的基本目标,而成人教育在传统上具有知识解放的成分。台湾近年来发展出来的社区大学体系,本质上正是一个成人学习的高等机构,与世界各国所见的高等教育的"大众化"(massification)趋势互相呼应[①],虽仍面临各项挑战,但却值得耕耘。林孝信进一步指出"知识爆炸"虽然造福人类至巨,却也使得知识愈与平常人脱节,而成为少数知识精英的专利品。知识为少数精英所掌控,而成为某一部分人牟取私利、控制他人的工具。另一方面,多数人无法欣赏及掌握大部分的知识,知识对他们而言是深不可测而成为他们被压迫的根源。由于这种"知识异化",使得"知识解放"开始受到重视,而知识解放的提倡者:社区工作者、社会运动家及社会革命家,认为现存的社会制度之不合理及不平等来自知识的精英化及垄断化,因而提倡知识解放,改革教育体制,达到社会改造的目标。林孝信认为台湾的社区大学以知识解放为目标,而且成人多属有丰富社会经验的成年人,是名副其实的成人教育,但这些有利条件并不能保证知识解放的目标能够在台湾的社区大学实现。林孝信还指出台湾的社区大学将面临下列挑战:(1)来自师资方面:社区大学在台湾是个全新的教育机构,没有人有过类似的教学经验。(2)来自社会意识方面:台湾的社会思想家或学者很少对台湾资本主义体系作深入的反省与批判,因此台湾资本主义体系尚待改造之处不为社会大众所了解。(3)来自知识本身方面:知识的解放并不意味着对高深知识的扬弃,但要如何将这些高深知识从少数专家学者中解放出来,则是一个高难度的问题。[②]

以上"建构公民社会"以及"完成知识的解放"这两项理想,确实是社区大学正确的教育目标。但是,这两项目标的完全实践,却有赖于社区大学中高水准的通识教育的实施。

我们先从"公民社会的建构"这项教育目标说起。我们在上文已有所说明,大学之所以在专业训练之外,必须推动通识教育,最根本的理由在于:教育的目的是为了唤醒人的自觉,进而建立人的主体性,使人可以顶天

---

① 参考:Peter Scott, *The Meanings of Mass Higher Education* (Buckingham: The Society for Research into Higher Education & Open University Press, 1995)。
② 林孝信:《成人教育传统中的知识解放》,收入《台北市社区大学教学理念与实务运作(一)》,台北:台北市政府教育局 2000 年 12 月版,第 3—11 页。

立地,自作主宰。这种顶天立地自作主宰的人并不是孤岛上的鲁宾逊,而是生活在具体而特殊的时空情境下的人。更具体地说,人是生活在复杂的政治经济社会的权利义务关系网络中的人。将这种复杂的关系网络具体化的,就是国家(State),因此,每一个人除了是普遍意义下的人之外,他(她)是"国家"的"公民"(citizen)。只有以"公民"的身份,人作为人而与生俱来的种种"不可剥夺的权利",才能获得实质的保障。

因此,大学通识教育必须落实在公民教育之上,才能使大学通识教育所培养的具有宏观、圆融等美德的"人",获得具体的立足点,而且,更进一步言之,每个个人所生存的社会与国家,是人实践其美德的最直接而具体的场所,所以,通识教育必须落实在公民教育之上。

但是,问题是:"国家"一旦组成之后,就有可能变质,而与国家的原始目标——保护并提升国民之福祉——相违背。从"国家"的理想目标来看,正如黑格尔(G. W. F. Hegel, 1770—1831)所说,"国家"是社会普遍利益的体现,驾于特殊利益之上,因此能够克服市民和"国家"的分裂与个人作为私人和作为市民之间的分裂。但是,"国家"的理想目标并不常能落实,马克思(Karl H. Marx, 1818—1883)就批判黑格尔的看法,他指出只有实行民主才能使国家维护普遍利益。但只有"政治解放"并不能带来"人类解放","人类解放"有赖于对社会进行改造,这种改造的主要点就是消灭私有制。[①] 马克思甚至宣称:"现代的国家政权不过是管理整个资产阶级的共同事物的委员会罢了。"[②]不仅个别"国家"可能被某一阶级所宰制而自我异化,而且诸多"国家"也可能形成联盟关系而支配其他国家。[③] 因此,提倡以"国家认同"为目标的公民教育,极有可能使公民教育成为"国家"的工具,而丧失"人"之所以为人的普遍性,例如极权或独裁国家可能经由军国主义的公民教育的灌输,而驱使其人民去侵略他国,肆行种种违背人性的兽行。这种例子在古今历史上不胜枚举,第二次世界大战期间南京的大屠杀,就是一个血淋淋的历史前例。

因此之故,公民的培育必然以通识教育作为基础,才能免除由于"国

---

① 马克思:《黑格尔法哲学批判》,收入:《马克思恩格斯选集》第一卷,北京:人民出版社1972年版,第1—15页。
② 马克思、恩格斯:《共产党宣言》,收入:《马克思恩格斯选集》第一卷,第250—287页,引文见第253页。
③ Theda Skocpol, *State and Social Revolutions: A Comparative Analysis of France, Russia, and China* (London: Cambridge University Press, 1979) 对这个问题有所分析。

家"的自我异化而导致的"公民教育"对人性的背叛。从教育的终极目标来说,教育是为了培育人之所以为人的价值自觉,使人从生物意义的人或政治意义的人,转化成为民胞物与胸襟的怀抱人道主义的人,而通识教育正是唤醒人的自觉最有效的教育。所以,公民教育必须以通识教育为基础。①

再就"知识解放"来看。林孝信所指出的社大教育的这项理想目标,只有在优质的通识教育中才能实践。所谓"优质的通识教育",不同于习见的逸乐取向的、技术性的、生活点缀性的课程,这种通识课程必须符合以下五项指标中的一项:②

1. 基本性:课程内容应包含人类文明之基本要素。相对于工具性、应用性或休闲性课程而言,通识课程之内容应具有基本性。所谓"基本性",指课程应涉及人类文明中最根本、最重要、最不可或缺的质素而言。

2. 主体性:课程内容应能直接或间接地建立人的主体性,引导学生以本身为主体去看待知识,透过讨论、思辨、批判与比较,去了解自己,以及与己身相系的自然世界、社会环境及时代与文化。

3. 多元性:课程内容应以拓广学生视野,消除人类在性别、族群、阶级与文化上的偏见为目标,养成尊重多元差异、"人类一家"的胸怀。

4. 整合性:课程内容应整合不同领域之知识,以启发学生的心智、拓展专业知识之直观与创意,并赋予新的诠释与意涵。

5. 通贯性:课程内容所探讨的问题应浅显明白,不宜预设学生须已修读系统性专业知识为前提,但课程之内涵应有引导作用,可借由问题的探讨而逐步深入专业知识,而有通贯之效果。

以上这些指标,都与"Return to the basic"这项理念相呼应,而有助于"知识的解放"。综合以上论述,我们可以看到:通识教育正是完成社区大学教育目标的根本途径。

---

① 以上论述参考:拙著:《大学通识教育探索:台湾经验与启示》,桃园:台湾通识教育学会2002年版,第176—178页。
② 这五项指标是台大共同教育委员会经长期研议所提出通识教育课程的指标,黄武雄对这五项指标的形成贡献最大,此处所引文字系2004年6月之修订版。

（二）从通识教育的现况来看

大学通识教育在台湾推动将近 20 年,已成为大学教育工作者的共识,各大院校校园里"通识教育"或"全人教育"呼声甚嚣尘上,虽然课程的具体实践仍有极大提升空间,但已达到校园内普及通识教育的共识之目标。

但是,现阶段通识教育的实施仅局限于大学门墙之内,而且仅及于 18 岁至 22 岁年龄层的大学生。一旦学生毕业离校,就与通识教育绝缘,因此,大学校园内的传授事倍功半,影响有限。针对现阶段大学通识教育的瓶颈,我最近曾经提出以通识教育改革作为 21 世纪海峡两岸的高等教育界的一种社会运动的看法。我所谓以通识教育改革作为社会运动,是扣紧海峡两岸当前的社会经济状态与教育的关系而言的。台湾是一个高度资本主义化的社会,大量的技职院校完全为配合经济发展而存在。从 1950 至 1990 学年度,台湾地区的高等院校从 4 所增加为 135 所,学生人数(含大学部、硕士及博士班)也从 5,379 人增加为 537,263 人。台湾高等教育在量方面的快速扩充,使质的提升成为必须面对的问题。1949 年以后大陆高等教育在数量上也经历了快速的扩充,但是,20 多年的改革开放浪潮,对于高等教育造成了极大的冲击,许多的大学教师下海从事商业活动,大学以各种方式增加创收,学生求学常考虑将来在就业市场的价值。就 21 世纪海峡两岸的高等教育而言,如何使教育与社会、政治、经济领域之间进行健康的互动,这是海峡两岸高等教育界所共同面临的严肃课题。而要使教育与社会、政治、经济领域进行健康的互动,高等教育必须回归教育本质性的目的。通识教育在这种回归运动中,扮演极为重要的角色。那么,海峡两岸高等教育中,通识教育未来具体工作应如何展开呢？从台湾通识教育的改革经验来看,我觉得一般的高等院校在逐渐获得学术自主与自由以后,应该严肃推动优秀课程的设计,并致力于教学品质的提升,使新获得的大学的自由与自主能够进一步落实,而不因自由的滥用而使大学成为意识形态诸神的杀戮战场。再就技职院校而言,由于就业导向的技职院校在海峡两岸高等教育界在数量上都居于优势,因此在此类学校中,我们仍必须致力于通识教育理念的提倡,以便形成通识教育改革的共识,使技职院校一方面既能够经由专业教育而完成技职教育的目标,另一方面,又不从教育的本质目的中自我迷失、自我异化。① 在社区大学全面落实通识教育,正是突破现阶段大学通识教育瓶颈的重要策略。

四、对社区大学中通识教育的反驳意见及其批判

针对我们在本文第三节所提出的看法,有人可能不免有所质疑,认为:主张在社大教育中融入通识教育可能扭曲社区大学的性质;现阶段高等院校中不理想的通识教育,可能经由这个管道而扩散到社大。以上这两种批评,并不公允。既将社区大学发展过程中的问题混淆为本质的问题,而且,也对大学通识教育有所误解,值得细加批驳。我们接着阐释以上这三个论点。

(一) 社区大学教育性质的再思考

我在上文所提出的建议,可能招致一种批评,认为社区大学基本上是一种成人推广教育,是社会中成年人业余休闲进修的管道,与上文定义下的"通识教育"关系不深,所以,在社区大学中提倡通识教育并无必要,亦不切实际。

以上这种质疑当然是不值一驳的,而且社区大学的推动者也没有人主张这种看法,但是,这种质疑却可以刺激我们正确地思考社区大学的根本性质。

我在本章第二节曾说,社区大学运动如果要对21世纪台湾社会发挥本质性的贡献,并在台湾社会内部完成一种"无声的革命",那么,社区大学必须从既有的成就,也就是从量的快速扩充,迈向质的提升与突破。所谓"质的提升与突破",是指通过通识教育的实施,而使社区大学教育可以触及人之存在的基本性、主体性、多元性、整合性、穿越性之课题,引导社区大学的参与者(老师与学生)时时思考:"人是什么?""人之存在如何可能?""生命之意义何在?""人类的展望何在?"之类重大基本课题。

---

① 参考:拙著:《大学通识教育探索:台湾经验与启示》,第96—97页。

（二）通识教育与社区大学

另一种批评意见可能针对现阶段大学校园中通识教育的负面而发，认为不应将失败的通识教育推展到茁壮中的社区大学，以至于使社区大学也一起沉沦。

这种批评意见并非无的放矢，其实，从台湾通识教育学会在1999年接受委托办理"高等院校通识教育评鉴"，并于当年10月完成全台湾58所一般高等院校通识教育评鉴所见之状况来看，现阶段台湾一般高等院校的通识教育仍有待努力。在访评过程中，见许多高等院校并未能将通识教育的理念、宗旨、目的等概念层次和实际的课程、教学等实施层次密切配合。访评中发现固然有少数学校能将这两种层次略加融合，然而，大多数的学校显然尚未配合，以致在通识教育的概念层次上，虽然叙述得相当理想、崇高、远大，然而仔细查阅其实实际课程之设计、科目之开授、行政组织之配合、经费资源之支持，却大多相当薄弱、欠缺、不足，难以真正落实通识教育。针对这种现象，在访评中各校负责通识教育的主管大都表达共同的苦衷与心声。能表达这种苦衷心声的还算好，显示其在困境中还有一分想做好的心，更令访评委员难过的是有部分负责通识教育的主管，在上述现象中，似乎不觉得有什么不妥或严重，甚至因学校不重视而得以少花心思、少费力气，得过且过。"哀莫大于心死"，访评中不少委员有此感叹。再从通识课程的内容来看，任何科目的教学，至少有认知的、技能的、情意的三大教学目标。通识科目的教学，无疑应该以情意目标为首要，其次为认知目标，再次为技能目标。然而访评中无论是查阅教师的教学大纲或和师生的晤谈，似乎大多数师生仍不甚清楚明了，或者绝大部分的教学都以认知目标为主，尚停留在知识的传授层面，而较少触及或深化到情操意志的层次，因而通识课程让学生感到与基本科系的专门知识教学并无太大的差异，于是降低了通识教学的重要功能。① 这种情形在2001年度所进行评访的科技大学与科技技术学院的通识教育中，也普遍存在，甚至更加严重。

---

① 黄俊杰等：《台湾高等院校通识教育访评结果》，台北：通识教育委员会1999年9月30日完成，12月30日修订版，第270、272页。

持第二种批评意见的人士,就是有鉴于当前高等院校校园内普遍存在的通识教育问题,而不希望将这种问题扩散到新兴的社区大学之中。他们的用心可谓良苦。

(三) 社区大学中通识教育的再厘清

我们如果深入分析以上这两种对我们提议的批评意见,就会发现这两种意见基本上是建立在误解之上,亟待我们拨开云雾见青天。

首先,将社区大学定位为成年人业余休闲性的推广教育,显然只是看到现阶段所开多半是外语会话、电脑、插花等课程,这是社区大学发展初期所出现的短期性的问题。我们不应将"发展过程中的问题"误以为是社区大学"本质的问题",正如我们不应将青少年在成长过程中偶有出轨的不成熟行为,误当做人的本质问题。社区大学的本质是一种唤醒民众的教育,台湾的社区大学的目标应接近于当代欧洲的模式。19世纪丹麦教育家葛维龙(Nicolai Frederik Severin Grundtvig, 1783—1872)就是从"民族主义"与"历史意识"出发,再从生活中去体验这两方面的价值。他为了拯救丹麦所遭遇的政治、经济、文化危机,采取文化的路子配合政治与经济来革新。民众高等教育是民主精神的基础,促进丹麦政治束缚(丹麦是王国)的解放。[①] 正如冯朝霖所呼吁的,社区大学的课程必须着眼于长期的根本任务,也就是"公民素养"(citizenship literacy)的提升。今日台湾政治整体体质的虚假与脆弱无能,乃是因为大部分民众无法无能扮演"积极公民身份"(positive citizenship)角色,而纵容各种"私利"假借行政、媒体等管道"掠夺"各种公共资源。因此,转化"掠夺性文化"(predatory culture)是台湾救亡图存的唯一契机。[②] 唤醒民众并建构"公民社会",这才是社区大学的康庄大道,而通识教育正是迈向这条康庄大道的础石。

其次,当前大学校园内通识教育之所以不理想,主要仍是由于长期的

---

① 詹栋梁:《欧洲民众高等学校的兴起与丹麦教育哲学家葛龙维的思想》,收入:《台北市社区大学教学理念与实务运作(一)》,台北:台北市政府教育局2000年12月版,第13—32页。
② 冯朝霖:《外推·对话与连结——社区大学课程之定位与规划》,收入:《台北市社区大学教学理念与实务运作(一)》,台北:台北市政府教育局2000年12月版,第103—115页,尤其是第103—105页。

历史积淀所造成。近百年来台湾的各级教育实以功利主义为其根本基础。自从刘铭传(省三,1836—1895)创办西学堂(1887年)与电报学堂(1890年)等新式教育以来,台湾的教育就是以富国强兵等功利性的目标为目的。1895年起日本帝国主义者统治台湾之后,为了配合帝国侵略南洋的需要,大力推动技职教育。日本殖民政府于1919年设立台北工业学校、嘉义农林学校、台中商业学校,1927年设立台南工业学校,1928年设立台北帝国大学,更是为了配合日本帝国殖民与侵略政策的需要。从1953年开始,国民党政府成立"美援运用委员会(美援会)",后来改制为"国际经济合作发展委员会(经合会)"、"经济设计委员会(经设会)",演变为今日的经建会,在这些经建单位主导下的台湾教育,深受"人力规划"政策之主导,将"人"视为可被"规划"的"力",着重开发学生的某一特定面向或能力,以提升学生毕业后在资本主义分工体系中的被利用价值。百年历史积渐所至,今日台湾的高等院校校园中,优秀教师不愿开授大学部通识教育课程,学生视通识课程为营养学分,实是"冰冻三尺,非一日之寒"。这种功利主义心态及其衍生之问题,正是我们应努力加以改革的问题,这是所谓"人病而不是法病",我们不应因此而气馁,怀忧丧志,要求通识教育退出社区大学。

五、社区大学通识教育的实施策略

在澄清了以上的意见以后,现在我们可以进而提出,在社区大学中实施教育的两种策略:古今交流;师生互动,前者可以补当前社大教育之不足,后者可以真正落实成人教育之理想。我们阐释这两种实施策略。

(一) 古今交流

社区大学中通识教育的第一个教学策略,就是通过中外的经典作品的研读而后学习与中外文化传统伟大的心灵互相讨论。这项教学策略是针对当前社区大学教育与一般高等院校教育中"现代"与"传统"严重断裂而提出的。

关于社区大学的目标,黄武雄提出"建构经验知识",林孝信呼吁"知识的解放",康宁汉及台湾许多学者提倡"公民社会的建立",凡此种种目标的达成,都有赖于学习者与深厚而悠久的文化思想传统进行有启发性的对话,正如青年马克思所说:①

> 人们自己创造自己的历史,但是他们并不是随心所欲地创造,并不是在他们自己选定的条件下创造,而是在直接碰到的、既定的、从过去承继下来的条件下创造。

所谓"知识解放"以及所谓"公民社会的建立",只有在与传统对话的基础上进行,才是稳固而扎实的事业,否则都将如《旧约圣经》所说"在沙滩盖楼房",虽然外表壮丽,但仍不免随风而逝。

(二) 师生互动

社区大学中通识教育的第二个实施策略是"师生互为主体性"的教学方法。许多参与社区大学运动的学者,都注意到社大学生都是饶富社会人生经验的成年人,他们与一般大学部青年学生不同的是,他们可以与教师进行双向的互动,使知识更与经验世界与生活世界结合,创造黄武雄所说的"经验知识"。因此,师生互动互为主体的所谓"苏格拉底教学法"(Socratic method)最适合社区大学通识教育的教学方法。

关于这种师生互为主体性的教学方法,参与社区大学工作的冯朝霖曾根据其教学经验,提出所谓"外推·对话与连结"(Strangification-Dialogue-Connection)的教学方法,希望成为发展本土性社区大学课程规划的基本原则。(1) 谦卑的外推:不论是个人生活经验或是专业学术领域皆有其独特性与封闭性,"外推"即是每个人都设法"走出自己",尝试用别人能理解的语言来表达自我熟悉的世界(经验或专业),就是黄武雄教授所说"经验性知识"与"套装性知识"的交会与相遇。因此可用为教学活动的第一个关键性概念。不论是讲师或学员,都必须努力尝试走出自己,以别人能理解及接受的表达方式来造就教学活动。(2) 开放的对话:以外推作为起点,目的在于启动"对话"。对话的教育意义在于"启发主体性",激励"自我觉醒

---

① 马克思:《路易·波拿巴的雾月十八日》,收入:《马克思恩格斯选集》第1卷下,引文见第603页。

与反省",并培养"他者"与"差异"的敏感度。社区大学中公共论坛类的活动更应着重于此。(3) 自发的连结:外推与对话的历程将使成人的学习迈向最终的"连结",连结意指知识与经验、学科与学科、主体与主体、价值与价值之间获得"有机性"(organic)之扩大与延伸,造就各种"差异"间的自发性统整(integration)或团结(solidarity),所谓学习的意义最终就是发展人与人之间善意的连结。① 冯朝霖所提倡的这种教学方法,与我在这里所说的"师生互动"的教学策略可以互相辉映,取径若合符节。

总而言之,在当前台湾社会的具体情境中,社区大学的通识教育的实施,必须特别加强与传统文化思想的交流,以及师生之间双面的对话,而不是传统课堂中的独白。

六、结　　论

台湾的高等院校从 1984 年秋季开始正式全面实施通识教育课程选修制度,至今已经 18 个寒暑。社区大学运动则可以上溯到 1994 年春间的 410 教育改革运动大游行以及 410 教育改选联盟的成立,1994 年秋间黄武雄草拟《地方政府设置社区大学计划草案》,提倡在各县市成立社区大学。从 1998 年秋间台北市文山社区大学正式开学,至今虽仅 4 年,但是已风起云涌蔚为民间教改的主流。本文分析社区大学与通识教育之关系,主张两者应加以融合,而建立一种有机的关系,因为两者合则双美,分则两伤。

展望 21 世纪,全世界的成人教育都面临后现代的挑战。社会结构与世界经贸版图的快速重组,知识的概念与内涵的转变,随着传播科技发达而来的成人学习方式与管道的改变,都一再地对作为成人教育的社区大学教育构成挑战。② 台湾的社区大学因应这些后现代的挑战,最有效而直接的策略之一,就是在社区大学融入优质的通识教育,拓深"终身教育"的深刻意涵,才能完成建构"公民社会"以及"解放知识"的崇高理想。

---

① 冯朝霖:《外推・对话与连结——社区大学课程之定位与规划》,第 108—113 页。
② 参考:Robin Usher, Ian Bryant and Rennie Johnston, *Adult Education and the Postmodern Challenge: Learning Beyond the Limit* (London and New York: Routledge, 1997), esp. pp. 1—27。

第九章 从台湾经验论大学校长遴选的几个关键问题

一、引　　言

在大学通识教育的改革事业中,大学校长对通识教育的认知与态度,居于关键之地位。本章分析大学校长产生的方式及其问题。最近十余年来台湾的民主化所激发的教育改革浪潮中,高等院校校长经由遴选方式产生是一项影响深远的变革。这项新制度自1993年从台湾大学开始推动迄今已经10年,固有其正面之贡献,使大学取得自主权,但是,在许多具体个案中,这项新制所造成的流弊却也是有目共睹。最近十余年来台湾的高等院校遴选校长的经验瑕瑜互见,值得细加分析,汲取历史的教训。

本章写作的目的在于介绍台湾的大学校长遴选的实际程序,并分析校长遴选制度的优点,以及遴选过程中常出现的几个关键性的问题。本章第二节说明大学校长遴选制度的法源,及其实施的具体程序。第三节分析校长遴选制度的正面贡献。第四节探讨大学校长遴选程序中的制度性及非制度性的问题。第五节针对这些问题,建议可能的改进方法。第六节综合全文主旨,提出若干结论。

二、大学校长遴选制度的法源及其实际程序

(一) 法源

台湾的大学校长由学校自行经由遴选或选举产生,首先发自民间,而以台湾大学为其嚆矢。1992年,台大前校长孙震任满以前,依照校务会议决议,由各学院院务会议自行推举代表,组成"校长推举委员会",在1993年经由"校长推举委员会"推出候选人,并由校务会议代表投票后,推选出校长候选人二人,报台湾教育当局后由相关负责人择聘陈维昭教授(时任台大医学院院长)于1993年6月就任台大校长。台大率先冲破官派校长的惯例之后,台湾师范大学跟进办理校长选举,自此以下风起云涌,蔚为风潮。台湾教育当局在1993年12月7日将"大学法"修正32条条文,并于1994年1月5日公布实施。

1994年1月5日公布实施的"大学法"第一条有关大学宗旨之条文明订:"大学以研究学术,培育人才,提升文化,服务社会,促进发展为宗旨。大学应受学术自由之保障,并在法律规定范围内,享有自治权。"这条条文正式赋予大学以自治之权力。"大学法"又规定:

第六条(校长之设置与遴选)

大学置校长一人,综理校务。

大学校长之产生,应由各校组成遴选委员会遴选二至三人,"国立者"由各大学报请"教育部"组织遴选委员会择聘之,其余公立者,由各该主管政府层报"教育部"组织遴选委员会择聘之;私立者,由董事会组织遴选委员会遴选,经董事会圈选,报请"教育部"核准聘任之。

前项之大学遴选委员会成员包括教师代表、行政人员代表、校友代表及社会公正人士,其中教师代表人数不得少于总数二分之一。大学遴选委员会之组织、运作之方式、有关校长之任期、去职方式均由各大学组织规程订定之,"教育部"遴选委员会之组织及运作方式由"教育部"订定之。

校长之资格依有关法律之规定。

第七条（校长之聘任）

新设立之大学校长，"国立者"由"教育部"组织遴选委员会直接选聘；其余公立者，由该管政府遴选二至三人层报"教育部"组织遴选委员会择聘之；私立者由董事会遴选报请"教育部"核准聘任之。

各高等院校之校长遴选方式，就以上述法律条文作为依据，而由各校自行制定遴选办法。

（二）程序

各高等院校校长遴选办法大致大同小异，大多经过三个程序：(1) 推荐；(2) 教师行使同意权投票或信任投票；(3) 遴选委员会决定校长候选人二至三人上报教育当局。其中第二与第三个程序，在不同学校偶有先后之差异。兹以高雄台湾中山大学为例说明。台湾中山大学在1996年2月26日通过订定之《台湾中山大学校长候选人推荐作业要点》如下：

第一条 本要点依台湾中山大学校长遴选及信任办法第四条之规定订定之。

第二条 校长候选人之连署推荐，依下列方式办理：

一、教师或研究人员得同时连署推荐多位校长候选人，被推荐人应获得十位符合连署人资格之教师或研究人员连署。

二、校长遴选委员会委员不得连署推荐候选人。

三、被推荐人除相关书表外，得提供个人详细学经历及其他相关资料，以供校长遴选委员会参考及公开陈列之用。被推荐人亦得提供推荐信函，以供校长遴选委员会参考，但推荐信函不对外公开。

四、推荐信函之签署人符合连署人资格者，视同连署人。

五、连署推荐书及相关书表应挂号寄达校长遴选委员会，收件截止日期以校长遴选委员会公告之日期为准，并以寄达邮戳为凭。

六、连署人名单及连署人数不予公告。

第三条 连署人及被推荐人之资格由校长遴选委员会审查确认。

第四条 校长遴选委员会推荐校长候选人，依下列方式办理：

七、每一委员得以个人身份提名推荐校长候选人人选,提名时并应检附被推荐人之书面个人资料。每一提名案应有三名委员附议,始能成立。

八、推荐候选人之表决,以无记名投票方式为之,并应经全体委员三分之二以上之同意。获得同意推荐人选在二人以上者,以得票数最高之前二人为校长遴选委员会之推荐候选人。

九、因得票数相同无法决定前二人时,应就得票相同者以无记名单记投票方式重行投票,以得票高低依序推荐。重行投票仍无法区分得票高低时,则由召集人代为抽签决定。

第五条 经书面征询获得被推荐人同意后,由校长遴选委员会公告校长候选人名单。候选人名单公告后,连署人不得撤回连署。

第六条 本要点经校长遴选委员会会议决议通过后实施,修正时亦同。

以上是公立大学校长候选人的产生方式,私立大学也是由遴选委员会选出候选人,但报请学校董事会圈选后上报教育当局。例如《东吴大学组织规程》第2章第5条规定如下:

本校置校长一人,综理校务。

本校校长之产生,应由董事会组织遴选二至三人,送请董事会圈选后,报请"教育部"核准聘任之,任期四年;任期届满,经董事会同意,得连任,以两次为限。

前项所称之遴选委员会成员应包括教师代表、行政人员代表、校友代表及社会公正人士,其中教师代表人数不得少于总数二分之一,其组织及运作方式另订,送董事会审核后,并报请"教育部"核定后公布实施。

前项所称教师,指本职为教师之人员;所称行政人员,指本职为教师以外之职员及技术人员。

校长之资格,依有关法律之规定。

在上述规定之下,校长人选产生程序中有关信任投票及遴选委员投票办法,台湾中山大学的校长推荐作业要点有如下之规定:

第八条 校长人选产生程序依次办理:

十、由遴选委员会作任用资格审查并征询被推荐者意愿后公告候选人名单。

十一、由本校专任教师(含研究人员)对每一候选人进行同意投票,得同意票达全体教师(含研究人员)二分之一以上者为通过,对每一候选人选票之统计至确定通过或无法通过即中止。

十二、遴选委员会就通过前款同意票之候选人进行遴选,推荐二至三名,按其姓氏笔画顺序送"教育部"择聘之。遴选委员会委员不得参与前项第二款投票选举。

这项教师信任投票得票过半就停止开票之规定,是综合过去近十年来之历史经验而制定的。在实施遴选制之后,各校常有候选人及其支持者在校园内强力拉票,并强制主张以票数高低决定是否上报教育当局,产生诸多流弊。所以,教育当局在 2000 年 9 月 18 日以台(八九)人(一)字第八九一一三三八三号公文规定:

为落实大学校长遴选之功能,请各校于遴选推荐校长候选人时,应确实依"大学法"第六条规定,由遴选委员会依其职能遴选产生,不宜再以普选方式产生;至若有需教职员行使同意权以为参考必要者,其开票结果达设定之门槛后,即不得再予统计票数,并于推荐校长候选人时应以姓名笔画为序送"部"择聘,请查照。

在教育当局正式要求不可再完全以得票数决胜负之后,各校普选校长之流弊稍获改正。

至于实际遴选工作之流程,再以台湾中山大学为例说明如下:

台湾中山大学校长遴选委员会工作时程表

日期	会议	工作
2001 年 12 月 26 日(三)	第一次会议	1. 现任校长召集组成校长遴选委员会 2. 推选召集人
2002 年 1 月 25 日(五)	第二次会议	1. 议决工作时程表 2. 议决公告内容 3. 讨论新闻稿内容及广告 4. 议决连署推荐书格式 5. 议决候选人应提供之资料 6. 分工等其他事项
2002 年 2 月 1—4 日(日)		正式公告、刊登广告

(续表)

日期	会议	工作
2002年2月7日(四)	第三次会议	1. 修正"校长候选人推荐作业要点" 2. 修正"校长人选遴选工作细则" 3. 推选司选小组成员
2002年2月25日(一)	第四次会议	1. 成立司选小组 2. 决定遴选投票地点
2002年3月15日(五)		校长候选人连署推荐书寄达本校邮政信箱日
2002年3月22日(五)		发文各单位确认选举人名册
2002年3月26日(二)	第五次会议	讨论及议决委员会推荐校长候选人名单
2002年4月8日(一)		1. 书面征询被推荐人意愿回函截止日 2. 征询被推荐人说明会时间
2002年4月10日(三)	第六次会议	1. 审核候选人资格 2. 确定选举人名册 3. 安排公开说明会及面谈程序 4. 决议候选人公开说明会及面谈方式
2002年4月15日(一)		1. 公告候选人名单、投票日及地点 2. 公告候选人名册 3. 公告候选人公开说明会时间及地点 4. 发投票通知 5. 完成选票制作
2002年4月22日(一)至 2002年4月26日(五)		1. 候选人公开说明会 2. 委员会与候选人面谈
2002年4月30日(二)		教师投同意票、开票
2002年5月1日(三)	第七次会议	1. 遴选委员投票、开票 2. 决定报部之校长人选 3. 校长人选推荐名单移秘书室陈报"教育部" 4. 校长遴选委员会解散

以上这个工作流程,是较为常见的标准程序,时序表中所列各项工作,就是各高等院校校长遴选的具体工作。从遴选的实务经验来看,上述工作流程中最足以影响遴选工作的有二:

第一,校长候选人在来校对全校师生发表有关治校理念与政策的演讲之前,必须详读该校校务相关资料,深入了解学校现况,才能在公开说明会中提出具体可行的愿景。

第二,校长遴选委员会全体委员在与候选人面谈之前,也必须在委员会内部就下列问题深入讨论并形成共识:(1)本校现况及其发展瓶颈何在?如何突破?(2)本校未来展望之愿景何在?如何达到此种愿景?(3)考量上述背景,在诸多校长候选人,以何人最具有带领本校走向新境界之可能性?何以故?以上这些问题都是对校长遴选委员极为重大的挑战。校长遴选工作的成败,常常决定于遴选委员会中全体委员之素质、见识、胸襟,及其内部对学校未来展望之共识。遴选委员会就上述问题充分交换意见形成共识之后,在与校长候选人面谈之时,就较容易获得丰硕之成果,以作为决定上报教育当局之校长候选名单之客观参考。

三、大学校长遴选制度的正面贡献

台湾的大学校长经由遴选制度产生至今已届满十年,这十年间正是台湾政局激烈变动,国际政经情势与高等教育旋乾转坤的关键年代,大学校长遴选制度基本上与近十年来台湾民主化的潮流相呼应,固有其正面之贡献,但其负面的影响,我们也不可忽视。我们先从前者开始分析。

大学校长经由遴选制度产生,在近十年来台湾的大学校园中,确有其正面之贡献,其较为显然易见者有以下几项:

(一)彰显大学自主之精神

校长经由大学自主组成的校长遴选委员会遴选产生之后,十年的实践经验显示:从此之后大学校长在理论上可以成为大学知识社群中的领导人,而不必像以前一样的只是唯唯诺诺听命于上级长官的温驯公务员。校长遴选制度的实施,使大学校长由于产生方式的改变,而出现了本质的变化。以前威权时代的官派校长,固然也有极少数谔谔之士,但大多是专制政权的弄臣,是跟随权力中枢的太阳转动的向日葵,他们在处理大学校务时多半是从政治角度,而不是从学术与教育角度出发。但大学校长由校园自主产生以后,多数的校长开始认真从学术、教育与学术社群的发展之角度思考问题,其中少数校长也能在关键时刻本于知识分子的良知,批判权力掌控者的堕落,挺立知识分子的风骨。总而言之,"大学法"第一条规定的"大学应受学术自由之保障,并在法律规定范围内,享有自治权",因为校长遴选制度而获得了部分的落实。

(二)凝聚大学社群的"公共意志"(general will)

大学校长遴选制度的第二项贡献是,在校长遴选过程中,候选人必须对全校师生发表治校理念与策略,并与师生对话;候选人也必须与遴选委员会委员深入面谈,增进双方之互相了解。这种机制如果进行得宜,对于凝聚大学知识社群内之"公共意志"颇有助益,使大学行政领导人与全校师生融合而为一体,不再是像以前官派校长时代是一种统治者与被统治者的关系。

四、大学校长遴选的制度性及非制度性问题

但是,从大学校长遴选制度在台湾地区高等院校实施十年来的具体经验看来,这个制度也产生了许多严重的负面效果,出现诸多问题,我们可以从制度性的以及非制度性的角度加以分析。

(一)制度性的问题

1. 大学校长遴选制度呈现的制度性问题,集中在"教师以投票方式行使同意权"以及"遴选委员以投票方式表决上报人选"这两项机制之上。这些机制涉及一个问题,就是:选拔大学校长是对人的品质尤其是领导能力与风格的判断,这种判断是否可以依选票多寡之"量"的计算而获得?

就选拔大学领导人才而言,投票制度之所以是一个问题,主要原因是:大学是一个以追求真理、创造并传承知识为目标的学术社群,因此,大学作为学术社群之"运作逻辑"(modus operandi)与政治社群的"运作逻辑"并不相同。在政治社群中,获得最多选票支持的人,就可以掌握最大的权力。

但是,在学术社群中,真理的探索与知识的建立,并不是以票数多寡决定。政治社群以选票多寡决定胜负,只问力不问理;学术社群则以是非对错作为准绳。因此,某一位大学校长候选人是否适任,涉及其人对学术的认知、对教育的热忱,其人之学术领导能力等等,这类品质均难以经由其人所获选票之多寡而获得正确的检验。①

从以上角度思考,我们可以发现:大学校长遴选过程中,经由全体教师以投票方式行使同意权,以及遴选委员会委员经由投票方式表决候选人的程序,虽然符合"人人一票,票票等值"的民主政治基本原则,但是都有其制度设计上的缺点,有待改善。

2. 遴选过程的透明度问题。最近十年来,台湾的高等院校遴选校长的作业程序,在不甚正确的"校园民主"的风潮之下,很重视工作程序的公平、公正与公开,也就是强调遴选过程的透明度。一般而言,各校校长候选人,除须符合"教育人员任用条例"任用资格外,并须具备下列各条件:(1)应具台湾籍;(2)在学术上卓有成就与声望;(3)具高等教育之远见,科技与人文兼顾之胸襟及协调、沟通与规划之行政能力;(4)处事公正,能超越政治、党派利益。而且,在担任校长期间并不得兼任任何党职。具备上述基本条件的校长候选人需要经过连署推荐,才能进入程序。各大学推荐方式略有不同,但大致是:本校或外校教师或研究人员得同时连署推荐多位校长候选人,被推荐人应获得 10 位或 20 位符合连署人资格之教师或研究人员连署。但是,校长遴选委员会委员不得连署推荐候选人。被推荐人除相关书表外,并须提供个人详细学经历及其他相关资料,以供校长遴选委员会参考及公开陈列之用。被推荐人亦得提供推荐信函,以供校长遴选委员会参考,但推荐信函不对外公开。连署推荐书及相关书表应挂号寄达校长遴选委员会,收件截止日期以校长遴选委员会公告之日期为准,并以寄达邮戳为凭。

经由上述连署程序产生的校长候选人,再由校长遴选委员会办理校长候选人公开说明会,其方式大约如下:(1)校长候选人应于校长遴选委员会公告之校长候选人公开说明会举办时程中参加公开说明会。(2)公开说明会在校园中举行,由校长遴选会召集人或召集人指派之遴选委员主

---

① 参考:黄俊杰:《论大学的知识社群特质》,收入:拙著:《大学通识教育探索:台湾经验与启示》,桃园:台湾通识教育学会 2002 年版,第 4 章,第 47—72 页。

持。公开说明会之时间、地点及进行方式,由校长遴选委员会公告之。(3)校长候选人于公开说明会上除陈述个人治校理念与学经历外,不得恶意攻讦他人。最后,校长候选人再与校长遴选委员会委员进行面谈,面谈程序由召集人主持,面谈过程与询答内容对外不公开。

以上遴选程序中,除了与遴选委员面谈内容之外,其余程序完全公开透明,虽然符合民主政治的办事程序,但却与选拔大学校长应有的"优秀原则"与"保密原则"有所违背。因为候选人必须在公开说明会对"选民"发表"治校理念",使许多优秀人才可能因而为之却步,因此,遴选程序虽然公平公开,但却不一定能选拔出最好的人才。

对于这个"民主制度的吊诡",教育当局也有了解,2001年7月教育当局所发表的《大学教育政策白皮书》就指出"大学校长及学术主管遴选方式有待改进"并申论说:①

> ……原先大学校长之遴选,如为公立大学,则由"教育部"遴聘;如为私立大学,则由董事会遴聘,在法理上,并无明显错误。只是校长为学术之领导者,理应在遴选过程中,多征询校内外学术专业者之意见。是以,原先之运作,往往缺少充分征询的慎重态度和民主风范;但是,至今在许多公立大学,则演变成校内教授以学校公民自居,校长须向他们负责,所以校长必须经由他们一人一票选出,才是合法。许多有识之士和主管当局,在"民主"的激情下,虽然明知不妥,也少见公然反对之声。但是实行下来,不但扭曲民主法制,而且教师之间常生纠纷,甚至将各种政府和民意代表选举的恶劣作风带入校园。

以上这一段官方的证言,完全切中问题的要害,但是,在"大学法"尚未经立法部门修订以及"民主"狂流席卷大学校园的客观限制之下,这项"民主制度的吊诡"仍未能立即解决。

其实,更进一步来看,这项"民主制度的吊诡"在新校长就任之后,才开始真正发挥阻碍学术追求卓越的威力。这就是"大学法"中的"民粹主义"式的规定,使校长难以发挥领导作用。2002年3月6日"中国时报""社论",对这个问题曾有一针见血的分析:②

---

① 台湾"教育部":《大学教育政策白皮书》,第四章:《台湾大学教育问题分析》,台北:台湾"教育部"2001年版,第26—27页。
② "中国时报",2002年3月6日,第二版:社论:《"大学法"修改不能再拖了》。

在旧的"大学法"中最受人诟病的条文,就是校务会议与校长定位不明。依旧法第十三条,大学校务会议是"校务最高决策会议",由学术行政主管教师代表等组织之,其中教师代表人数应"不得少于全体会议人员的二分之一"。在这样的民粹规范下,各大学校务会议的人数动辄数百人,扰乱吵杂而难以议事,遑论其他。许多习于单纯教学研究的教授,早已视参加校务会议为畏途,也增加了各校推动校务的困难。如果"大学法"不修改,在这样的民粹文化下,各校恐怕难以通过大刀阔斧追求学术卓越的法案。

这一段沉痛的呼吁,正是多年来饱受"大学法"中所潜藏的披着"校园民主"外衣的"民粹主义"所凌虐的许多大学教师的共同心声。

(二)非制度性的问题

大学校长遴选制度除了以上制度性问题之外,还有更为深沉的非制度性问题,这些问题包括:

1. 人性的弱点之问题。大学校长遴选过程中,凝聚共识的方法就是投票,教师行使同意权以及遴选委员会决定上报人选皆以投票为之。正如古今中外的民主投票一样,投票制度建立在"人是理性的动物"的哲学基础之上,假定每一个投票的人都会以清明的理性,对公共事务进行最客观理性的选择。但是,衡诸事实,投票人在投票时常常受到理性以外的因素,如个人感性上的好恶、私利的考量,或派系的运作等等影响,因而投票制度在"理性"的外衣之下,常潜藏"非理性"的本质,而使投票制度产生自我"异化",背离它的原始目的。

关于人性弱点的问题,在校长遴选过程中主要表现在三个方面:

(1)教师:各高等院校校长候选人,首先须经过全校讲师以上专任教师投票行使同意权,获得过半数同意票者才进入遴选委员会遴选之程序。虽然最近经过教育当局发文明示票数过半就不再计算,但是对候选人而言,"过半"仍是一个门槛。在这个投票行使同意权的程序中,投票的教师心中所考虑的常常未必是候选人的学术成就或领导能力,而是"这个候选人对我是否有利"之类问题。而且,许多具有相同利益的教师,也可能自动或被动地联合起来投票,拉高或压低某一特定候选人得票数,使其过半或不过半。这种现象之所以在许多学校的具体经验中出现,实根源于人性的内在弱点——人在投票时并非完全依据纯粹理性行事。

(2) 遴选委员:遴选委员由于人数仅10余人,至多20余人,所以所受来自理性以外的压力更大,校内专任教师委员尤甚。因为新校长就任后,对校内专任教师影响较大,所以,校内委员对新校长人选的考量所涉及的因素更为广泛而复杂。在这种情况下,候选人的学术背景、政治立场、人脉关系等因素,就会左右遴选委员的抉择。遴选委员之所以不能免于受到非理性因素的系绊,主要原因是人的存在之本质所决定。人并不是离群索居而不食人间烟火的林泉高士,人生存在具体而复杂的社会政治经济网络之中,人在特定的条件上进行生产与抉择。这种人之存在的具体条件的限制,都指向"人的有限性",使遴选委员在很多情况下未必依据理性而选择校长候选人。《"大学法"施行细则》第四条第二款规定:

> 各校遴选委员会依本法第六条第二项规定遴选校长,应广征人才、参酌各方意见,本独立自主精神,自行合议遴荐最适当之人选。

这是一项高远的理想,许多校长遴选委员在人性弱点影响下,未必能完全实践这项理想。

(3) 校长候选人:凡是成为校长候选人者多半已经在特定领域具有相当成就或具有丰富的行政资历,但是,参与校长遴选对候选人的人性弱点仍是一项考验。

参与校长遴选,对候选人而言之所以是一项考验,主要原因仍根源于人性的有限性。争取大学校长职位,对某些校长候选人而言可能是人生最后一搏,为了达到目标,有时不能免于人性弱点所产生的诱惑,所以,有些学校在校长遴选过程中出现耳语流言、黑函攻讦,乃至拉票拜票、媒体造势等现象,实属事所必至。有些候选人在与遴选委员关门面谈时,为求胜出而夸夸其谈,描绘美丽而不实在的愿景,使遴选委员为之目眩神摇,兴奋不已。但是,到了正式就任校长职位之后,就任之前与遴选委员面谈时信誓旦旦的宏观愿景,顷刻之间都化为海市蜃楼、镜花水月。

以上这种人性弱点,在遴选过程中常常交互作用,互相加强,而使遴选工作倍显困难。

2. 观人之难的问题。校长遴选工作是一项极具挑战性而困难度极高的工作,因为所谓"知人知面不知心",遴选委员根据有限的书面资料以及短暂的面谈,要判断候选人之适任与否,其事大不易也。这是大学校长遴选过程中极为困难的非制度性的第二个问题。

传统中华文化在观人之术方面有悠久而深刻的传统。古代典籍如《左传》、《国语》、《战国策》等,都有关于对人的观察的记载。古人观人特别强调人的眼神,孔子和孟子将中国古代观人之术说明得最为鞭辟入里:

> 子曰:"视其所以,观其所由,察其所安。人焉廋哉?人焉廋哉?"(《论语·为政·10》)

> 孟子曰:"存乎人者,莫良于眸子。眸子不能掩其恶。胸中正,则眸子瞭焉;胸中不正,则眸子眊焉。听其言也,观其眸子,人焉廋哉?"(《孟子·离娄上·15》)

孔子和孟子所提示的观察人的方法对遴选委员与候选人的面谈,具有极大的启示。元代的徐元瑞编有《吏学指南》一书,对"听讼"工作提出"五听"的说法:①

> 五听 《礼》云:"民之狱讼,以情求之,其听有五。"
> 辞听 谓观其出言不直,则烦乱也。
> 色听 谓观其颜色不直,则赧然赤也。
> 气听 谓观其气息不直,则喘战也。
> 耳听 谓观其听聆不直,则惑疑也。
> 目听 谓观其眸视不直,则眊然不明也。

遴选委员在与候选人面谈时,必须用心听其辞、听其色、听其气、听其耳、听其目,这真是一项高难度的工作!

3. "模范生"心态问题。校长遴选工作的第三项非制度性问题是,弥漫于华人社会中的一种"模范生"心态,普遍认为具有院士或类似荣衔的学者,才有资格出任校长。

大学是一个学术社群,也是一个教育共同体,大学的领导人当然要具有相当高的学术研究成就,他才能对学术有正确的认识,也才能有效地领导大学,这自然是毋庸赘言的。但是,近年来海峡两岸若干大学在遴选校

---

① 〔元〕徐元瑞:《吏学指南》,台北:文海出版社有限公司据日本京都大学人文科学研究所藏明刊《居家必用事类全集》本校勘重印 1979 年版,第 69 页。

长时,偶尔不免过度注重"形式"(如"院士"或其他形式的头衔)而忽略了"实质"(如头衔是否与其学问、办事能力及为人风格相应)之问题。尤有进者,这种"模范生"心态有时也创造了许多遴选时的盲点,例如忽略候选人的领导能力、学术偏见、自我中心之心态等问题,而这些问题可能使候选人成为不适任的大学校长。

这种"模范生"心态,使遴选委员以及行使同意权投票的全校教师,常常忽略一项事实:优秀的研究者有时未必是干练通达的学术领导人。对这项事实的忽略,是导致校长遴选工作功败垂成的第三项非制度性因素。

五、因应问题的可能方向

本章第三及第四节所归纳的校长遴选过程中所出现的制度性与非制度性问题,都有其根深蒂固的文化与社会背景,也根源于从人之实存情境而来的局限性,都不是以简单的法令规范可以立即解决的。所谓"七年之病,必求三年之畜艾",正是对大学校长遴选制度的困境之最恰当的说明。我们可以说,现阶段台湾的大学校长遴选的种种问题,基本上是长期历史的积淀,也是整体学术社群体质的反映,因此,根本关键不在于遴选制度本身,而在于大学体质的改善与提升。

在上述的认知之下,针对校长遴选制度所出现的问题,我想建议几个可能的因应方向:

1. 省略全校教师投票行使同意权之程序,而且,遴选委员会以讨论方式形成共识,非不得已不诉诸票决。这项制度调整的方向,主要着眼于改善因投票而造成的诸多弊端。全体教师投票之所以应考虑取消,主要是因为校长人选之"质"的判断很难经由选票的"量"的计算而进行。遴选委员会委员如果以共识而非诉诸投票,就比较能够使"理性"有其发展之空间,每位委员不论是支持与反对一位校长候选人,都必须诉诸公开而理性的意见陈述与讨论。

台湾已有少数大学注意到这个问题,而力求有所改进,例如《中正大学组织规程》第3章第2条第7款就有如下之规定:

> 校长人选之产生,以全体委员讨论获得共识方式为原则。在无明

> 显共识情况下,应由全体委员对每一人选逐一投票,产生二至三人,唯入选之每一人选,均须获得超过三分之二(不含)以上之同意票,如第一次投票未能产生得票超过三分之二(不含)人选时,应继续投票,直至选出适当人选为止。

这项规定就是有心于突破诉诸选票所带来的困境。

2. 遴选过程应尽量以保密方式进行,免除公开推荐及对全校师生公开说明会之程序,使候选人将其治校理念与策略,详细而深入地与遴选委员会说明讨论。如果能朝向这个方向修正遴选程序,那么,优秀的校长候选人可能较有强烈意愿参与遴选,顾虑也比较少。

3. 经过以上的制度调整之后,最关键的校长遴选委员会委员必须抛弃世俗的负担,坚持清明之理性与道德的勇气进行遴选工作。孔子答子路问何谓"成人"时说:"若臧武仲之知,公绰之不欲,卞庄子之勇,冉求之艺,文之以礼乐,亦可以为成人矣。"(《论语·宪问》)如果遴选委员能够做到孔子所说的"成人",就可以"见危受命"、"勇者不惧"。孔门所推崇的"勇",并不是为一人敌的"血气之勇",而是以道义作为基础的理义之勇。所以,孔子说:"仁者必有勇,勇者不必有仁。"朱子解释"勇者不惧"这句话说:"气足以配道义,故不惧。"子路问孔子"君子尚勇乎?"孔子回答:"君子义以为上,君子有勇而无义为乱,小人有勇而无义为盗。"(《论语·阳货》)古代儒家明白区分"小勇"与"大勇"(《孟子·梁惠王下》),前者是基于原始生命力的血气,后者是经过理性思维洗礼以后的德行之勇。儒家一贯的通义均在于以道德修为促使原始生命理性化。孟子承认"告子先我不动心",可见纯以血气之勇达到不动心之境界并不难,许多人都能以各种不同形式的血气之勇达到不动心的境界。但是,有些人的不动心,基本上只是把客观世界当作一个客体,而没有把客观世界与人的实践活动联系起来了解;孟子所说的"勇"已经将"血气之勇"在本质上转化为"道德之勇",所以物我一贯,内外交辉。大学校长遴选委员会委员如果能秉持古典儒家这种道德之勇,谨慎从事,就比较可能超越并扬弃前文所说的"人性的有限性",而使遴选工作到较为完美之境界。

六、结　　论

本章从最近十余年来台湾地区高等院校所实施的校长遴选制度的实际经验出发,分析这种校长产生方式的积极贡献与负面效果,也探讨这种制度所产生的各种制度性的与非制度性的问题,也建议可能的调整方向,使这项制度的运作更臻健全。

正如孟子所说:"徒善不足以为政,徒法不能以自行"(《孟子·离娄上·1》),任何制度都不能十全十美,任何制度的推行之关键都在于人,人是一切制度设施的根本,因此,归根究底而言,大学校长的遴选与治校风格的提升,仍有赖于整体学术社群素质的提升与社会体质的改善。让我们以乐观的信心,期待经由大学校长品质的提升,而带动21世纪海峡两岸高等教育的飞跃发展!

附录一　美国大学通识教育考察报告

台湾各大学全面推动通识教育始于1984—1985学年度,十余年来通识教育的重要性,已经逐渐为各高等院校教师及行政主管所肯定,为了较为具体地了解美国著名大学推动通识教育之状况,我们在1995年6月8日至22日,以两周时间,访问了十所美国知名学府,包括伯克利加州大学、斯坦福大学、芝加哥大学、哈佛大学、麻省理工学院、哥伦比亚大学、纽约市立大学、纽泽西州立大学(New Brunswick)、普林斯顿大学及马里兰大学(College Park)。除了搜集各校书面资料之外,还与各校主管通识教育的院长、副校长或校长座谈,当面请益,以作为思考台湾大学通识教育工作策略之参考。

一、美国大学通识教育实施之概况

本考察团共访问美国十所大学,兹就访问所得文献资料及讨论内容,依序整理各校通识教育实施之基本状况如下:

(一)加州大学伯克利校区

加州大学伯克利校区隶属加州大学系统,因此大学部学生的毕业要求来自以下四个层面:系、院、伯克利校区以及加州大学系统的要求。系级的要求基本上是为了满足主修而订定,因而与通识教育的关系不大,可以略过不谈。此外三个层面的要求大体上均与通识教育有关,分述如下。

加州大学系统的一般要求:

一、主题A之要求:在正式修课前,必须先通过主题A之考试,此一考试在确定学生已对英文及写作达到熟练的程度。没有通过此一考试的新生必须修6学分的"大学写作"。

二、美国历史及政府组织之要求:一般说来,在高中修过类似课程或在入学后通过相关测试者即满足此一要求,否则需修习一门历史课程及一门政治学课程。值得一提的是,没有意愿在毕业后继续留在美国的外国留学生可以免除此一要求。

伯克利校区有关美国文化广度的要求:

所有伯克利的大学生,包括外国学生,在毕业之前必须修过一门"美国文化"课程。"美国文化"课程的师资来自许多科系,由一个教师委员会决定这类课程的基本架构。其内容专注于美国的历史、社会及文化,目的在于了解美国社会中的族群、文化及少数民族;至少要针对下述族群中的三个作出实质的说明:非洲裔美国人、美洲原住民、亚裔美国人、中南美裔美国人、欧裔美国人,并要学生由整体及比较的观点来看各个族群在整个美国社会、历史、文化中的地位。借此课程,同学亦能更加了解自己的认同问题,也更能尊重他人的认同。

学院的要求:

每个学院会根据各自的特性而有不同的要求。不过,一般说来,伯克利校区非常强调培养高超的批判思考及沟通的能力。很多课程都要求长篇大论的报告,不少课程也提供说写的训练。除了大学系统规定的主题A之要求,伯克利的文理学院及其他大多数的学院,要求两学期的作文课。很多学系,如非洲裔美国人研究系、比较文学系、英文系等,都开设这类课程供同学自由选修;各自之偏重亦稍有不同。

就文理学院而言,除了主修课程之要求外,有四个广度要求:

一、阅读及写作:大一及大二时各选修一门。

二、数量推理(Quantitative Reasoning):可借考试通过或修课来满足此要求。

三、外国语文:可借考试通过或修课来满足此要求。

四、七科广度要求：从 1994 年秋季班以后入学的学生开始实施，在此之前的要求是由人文科学、自然科学及社会科学三大领域中至少选六门课（至少 16 个学分），新的规定是在下述每个领域中至少选修一门课程：物理学、生物学、文学艺术、历史研究、哲学及价值、国际研究、社会及行为科学。这些课程由不同的学系开设，种类很多，给同学很大的选择空间。

总之，伯克利在通识教育上的设计工作比较不愿意进入到课程本身的内容或教法，而主要着眼于上述架构的设计与规定。

附带一提，伯克利采取学分制，学生毕业最低学分数为 120 个。另一点需要注意的背景是，伯克利在美国是顶尖的大学，入学标准亦高。要成为伯克利新生的申请者，必须满足以下几个最低的要求。申请者必须在中学修过两年的历史或社会科学、四年的英文、三年以上的数学、两年以上的实验科学、两年以上的外文。

（二）斯坦福大学

斯坦福大学明确地以博雅教育(Liberal Education)作为大学部的教育目标。在斯坦福大学提供的学位取得说明中，即以"博雅教育"为大学部教育的标题，并指出：

> 如同所有主要的大学一样，斯坦福提供其大学部同学获取博雅教育的途径；这种教育，在人类各个重要知识领域中增广学生的知识及觉察，特别对其中的一两个领域进行深入的理解，并让他（或她）得以持续终生的学习而且把知识应用在事业及个人生活中。

斯坦福采取学季制，要得到学士学位，必须修毕 180 个学分，其中除了主修学系要求的专业学分以及个人自由选修的课程之外，还包含每一个大学生都必须满足的写作要求(the Freshman Writing Requirement)、均匀要求(the Distribution Requirements)以及语言要求(the Language Requirement)。这些是斯坦福大学每一个大学部学生的共同课程，也与我们关心的通识教育有关，因而分别详述如下。

文字是传递思想的工具，"写作要求"的目的在于提升有效的表达能力，让每一位大学同学都能写出明白而有效的英文散文。因此，斯坦福要求学生在第一年即通过此要求,一般的同学采取的方式是修习两学期英文作文课。过去在这方面,斯坦福开授的课程与其他学校一样,就是一般的英文写作,但是,顺应不同学系的要求,斯坦福也开始规划专业英文的写作训练,像是实验报告的写作、科学论文的写作等。

外文能力扩大同学的知识范围,让同学得以接触不同的文化及资料。"语言要求"要同学至少对一种外文有基本的熟习,通常是要求同学以一年的课程修习一种外文。"均匀要求"在于指引学生取得广度,并且规定学生的研究领域不能仅限于某一个专业领域。这点一向是斯坦福在大学部教育中非常重要的一环。斯坦福的大学部课程含有相当的弹性。它允许学生规划个人的研究计划,以求符合个人的教育目标,并配合个人独特的兴趣、过去的经验及未来的走向。不过,所有的研究计划都应该在专业知识的深度化以及一般知识的广度化之间求得某种平衡。这种平衡表现在主修学系的要求以及大学对均匀性的要求上。除了"distribution requirements"之外,斯坦福还用过"general studies requirements"及"general education requirements"等词语来描述这方面的规划。

此一要求要同学面对不同的观念及不同的思考方式,去理解各种不同的重要认知途径,认识它们的优点、缺点、它们的独特之处以及它们与其他途径的共同之处。斯坦福将均匀要求视为大学部教育的必要部分。均匀要求有两方面的目的:一是向同学介绍,在人文科学、社会科学、自然科学、应用科学及科学技术中含有一个极为广阔的研究领域,换言之,主修的要求在于提供深度,而均匀要求则有一种补充的作用来提供同学在大学教育中的广度。另一方面欲使同学认识造就现代世界的重要的社会力量、历史力量、文化力量及思想力量,以帮助同学发展成为一个有责任感的社会成员。这两个目的,知性上的广度及负责的公民(intellectual breadth and responsible citizenship)并不是分离的,而是互补的,它们融合在课程之中。

当然,通过了均匀要求中的课程,并不表示同学即获得足够的通识教育(general education);正如同修完主修课程亦不表示同学即成为某一领域的专家。主修要求及均匀要求都只是作为一些核心,让同学围绕其四周建构其学习过程。

斯坦福的大学部教学委员会(the Committee on Undergraduate Studies)在学术评议会(the Senate of the Academic Council)的督导下,审核各系提出的课程,决定何者可以列入均匀要求的课程中;这项工作主要委托其中的均匀要求小组(the Subcommittee in Distribution in Requirements)执行。这些委员特别注意到,课程必须要符应学术领域的改变以及世界的改变,否则无法满足均匀要求的两个目的。适合于30年代的课程不会适合于60或90年代,甚至十年前的课程设计亦可能已过时了。不仅是内容有异,整个的观点、角度、方法都有不同。可是,我们要培养学生有能力生活在21世纪的社会中。为因应外在环境的改变,斯坦福在1990年后在均匀要求中加进来的是对非西方文化的研究、族群研究及性别研究。

详言之,在1991年秋季后入学者要满足均匀要求则必须在下列九个领域中选修11门课(每一门至少3学分):1.文化、观念及价值,2.世界文化,3.美国文化(以上为"文化核心课程"),4.数理科学,5.自然科学,6.科技及应用科学(为"科学核心课程"),7.文学及美术,8.哲学、社会及宗教思想,9.社会及行为科学(以上为"人文及社会科学核心课程")。此外,在修习上述二至九领域中的课程时,至少要有一门是着重于性别研究的。

"文化、观念及价值"领域简称CIV,被斯坦福视为核心中的核心,是一门连续修三学期的课程,一般在大一修习。这是一年连续三门课的学程(tracks),每门课程5个学分,每周上课5小时。学生可以选择不同的学程,通常有六至十种学程可供选择。这些学程由各个学系提供,但在开设之前,必须先送交"CIV领域规划委员会"审核,判定该学程是否符合此一领域的教学目标。通过审核的学程在教过第三年以前要提出教学评量,在第四年如果想要继续开设,则得重新申请审核手续。事实上,斯坦福比较鼓励新学程的提出,而不是一直重复旧有的学程。

CIV领域规划委员会订定的教学目标及判准相当详细,颇具参考价值,故而摘述如下:

CIV领域的教学目标有五点:"1. 提供学生共同的智性测验,亦即,扩充他们对于我们自身文化中各种不同的观念及价值的理解,并且增加他们对于文化多样性及文化互动过程的理解;2. 让学生接触那些由于其表达的观念、表达方式及其影响而具有知性重要性的著作;3. 培养学生对于观念及价值进行批判性审视的能力,以求理解自己并理解他人;4. 使学生能有更高的技巧,去理解、分析作品,去推论、论辩(支持或反对)某种解释,去表达(说或写)他们的理解及解释,并且使他们能在人文学、科学、工程方面作更进一步的研究;5. 让学生体验具想象力的文学及艺术是终生的快乐之源,包括形式及语言之乐。"

ClV 学程需要满足下述标准;"一、在多样性上。1. 要增进对于自我、他人及社会的理解,因而处理的议题需涉及阶级、种族、宗教、性别等,并研读女性、弱势者、有色人种作者的著作。2. 要增进对于造成美国社会及文化的多样观念及价值的理解,因而需研读至少一种出自欧洲文化的著作以及至少一种出自那些形构我们多样美国社会的非欧洲文化的著作。各个著作所表达的观念及价值应该尽可能地用它们自己的词语、放在它们自己的文化及历史脉络中来看待。3. 要具有实质的历史向度。学程应该分析著作之间的时间关系并审察著作的政治、社会、经济及物质的脉络。学程不需要完全按年代安排,也不需要无所不包。所有的学程均应该包括对于古代及中世文化的处理。过去的六至八个世纪尤其应该以实质的方式加以处理。二、在指导的目标上。1. 要提升对于文化假定与价值以及对于它们在历史上或当代的相关性的意识,方法是让学生接触对于这些假定与价值的替代说法的批判。2. 课程指导的一个主要目标是让学生主动参与分析、理解第一手作品,并鼓励把这类作品的研读视为充实一生的来源。3. 焦点放在第一手的作品,不论是文字的或别种的,虽然第二手资料也可使用。4. 在各个学季中,要实质地注意到种族、性别及阶级的议题,在各学季中,至少要有一本主要研读著作是明显地在谈这些议题中的至少一个。5. 要包含各种类型的作品,诸如:诗、剧本、小说、哲学著作、科学论著、历史著作;日记、回忆录、口述历史及其他的私人文件;通俗文化的产品及其他的表达物;绘画、雕刻及音乐作品;建筑、结构及机器。6. 每一周至少要有两小时,最好三到四小时,进行小组指导。这些讨论小组不能超过 20 位学生,15 个则比较适合。学生在这些小组中的表现应该成为他们工作评价的一个重要部分。7. 每门课要有 5 个学分,每周上课 5 小时。这些课程可以,但不必须,包括讲演课。"

每一年开设 ClV 课程的教师都会开会讨论下一年度 ClV 学程中共同的要素,诸如教材、作者、主题、议题等,例如 1992 年的共同阅读教材为:史诗一部、圣经(包括旧约及新约)、一位古典希腊哲学家、一位早期的基督教思想家、一位文艺复兴时期的戏剧作家、一位启蒙运动时期的思想家、马克思、弗洛伊德。

在这些共同要素的基础上,ClV 的各个学程可以有自己的设计。为了提供更具体的例证,以下就把斯坦福在 1991 年推出的 9 个 ClV 学程中的 7

个加以详述:

文学及艺术学程

[秋季课程]

1. 古希腊悲剧诗人埃斯库勒斯的《奥雷斯狄亚》。
2. 古希腊哲学家亚里士多德著作选读。
3. 中世基督教哲学家奥古斯丁的《忏悔录》。
4. 《圣经》。
5. 14世纪英国诗人乔叟的《坎特伯雷故事集》。
6. 中国思想家孔子著作选读。
7. 但丁《神曲:地狱》。
8. 玛璃·德·弗兰丝《小诗集粹》。
9. 《基尔格墨希史诗》。
10. 荷马《奥德赛》。
11. 希腊哲学家柏拉图的《理想国》。
12. 古希腊女诗人萨福作品选。
13. 中国道家哲学著作选读。
14. 维吉尔《埃涅阿斯纪》。
15. 《艺术史》及《世界文明》二书选读。
16. 本课程尚需阅读赫西俄德、苏拉等人的作品。

[冬季课程]

1. 毕恩《欧鲁诺克》。
2. 笛福《摩尔·弗兰德斯》。
3. 宗教改革思想家马丁·路德著作选读。
4. 马基雅维利《君主论》。
5. 弥尔顿《失乐园》。
6. 蒙田《散文选》。
7. 莫尔《乌托邦》。
8. 卢梭《社会契约论》及《论人类不平等的起源和基础》
9. 莎士比亚《哈姆雷特》及《暴风雨》。
10. 斯威夫特《格列佛游记》。
11. 《艺术史》及《诗辑》选读。

12. 本课程中尚阅读洛克、休谟、潘恩、杰斐逊的作品。

[春季课程]

1. 康拉德《黑暗的心》。

2. 达尔文著作选读。

3. 狄更斯《大期望》。

4. 道格拉斯《道格拉斯生平自述》。

5. 菲茨杰拉德《大亨小传》。

6. 法国小说家福楼拜的《感情教育》。

7. 《弗洛伊德作品选》。

8. 杰克卜斯《一个女奴的一生》。

9. 马克思《共产党宣言》。

10. 莫莉生《挚爱》。

11. 萧伯纳《华伦夫人的职业》。

12. 雪莱夫人《科学怪人》。

13. 英国当代女作家伍尔芙的《自己的房间》。

14. 《世界文明》及《诗辑》选读。

欧洲及美洲学程

[秋季学程]

1. 中世基督教哲学家奥古斯丁的《忏悔录》。

2. 《圣经》。

3. 希斯内诺斯《蒙古街上的屋子》。

4. 法农《世上悲惨的人》。

5. 弗洛伊德《朵拉:歇斯底里症之个案分析》。

6. 贺丝顿《她们的眼睛正望着上帝》。

7. 汤亭亭《女斗士》。

8. 左撇子《老人海特之子》。

9. 马克思《共产党宣言》。

10. 麦尔维尔《录事巴特比》。

11. 曼朱《自述》。

12. 《马亚创造神话》。

13. 德国社会学家韦伯的《新教伦理》。

14. 电影欣赏及讨论。

15. 本课程中尚阅读杰斐逊、奥尔森的作品以及《第四世界宣言》。

[冬季课程]

1. 柯哲比《分离的事》。

2. 康拉德《黑暗的心》。

3. 达尔文《物种起源》。

4. 19世纪法国政治家托克维尔的《美洲的民主》。

5. 道格拉斯《道格拉斯生平自述》。

6. 恩格斯《家庭之起源》。

7. 莫莉生《挚爱》。

8. 雪莱夫人《科学怪人》。

9. 史景迁《胡的问题》。

10. 伏尔泰《憨第德》。

11. 魏勒福《印第安的赠与者》。

12. 伍尔芙《自己的房间》。

13. 本课程尚需阅读康德、雨果等人的作品。

[春季课程]

1. 亚里士多德《伦理学》及《政治学》。

2. 安撒度《边境》。

3. 卡缪《放逐》及《王国》。

4. 希赛尔《一场暴风雨》。

5. 哥伦布《四次航行记》。

6. 莫尔《乌托邦》。

7. 莱斯《野莽海》。

8. 洛孚《皮德洛·帕拉摩》。

9. 莎士比亚《暴风雨》。

10. 电影欣赏及讨论。

11. 本课程尚需阅读一些中南美洲作家的作品。

神话与现代性学程

[秋季学程]

1. 中世基督教哲学家奥古斯丁的《忏悔录》。

2. 《圣经》。

3. 玛璃·德·弗兰丝《小诗集粹》。

4. 拉法叶夫人《德·克里芙公主》。

5. 德国文豪歌德《浮士德》。

6. 荷马《奥德赛》。

7. 克尔凯郭尔《抉择》。

8. 马洛《浮士德医生》。

9. 卢梭《论人类不平等的起源及基础》。

10. 紫氏部《源氏物语》。

11. 托尔斯泰《高萨克人》。

12. 维吉尔《埃涅阿斯纪》。

[冬季课程]

1. 弗洛伊德《梦之解析》。

2. 黑格尔《精神现象学》。

3. 卡夫卡小说选读。

4. 拉恩《大都会》。

5. 托马斯·曼小说选读。

6. 马克思著作选读。

7. 恩古齐《别哭·孩子》。

8. 尼采《悲剧的诞生》。

9. 柏拉图《飨宴》。

10. 李芬斯达《意志的胜利》。

11. 雪莱夫人《科学怪人》。

12. 希腊悲剧作家索福克勒斯的《俄狄浦斯王》。

13. 杜默《蔗田》。

[春季课程]

1. 亚里士多德《论修辞》。

2. 《圣经》。

3. 柯勒律治《文学传记》选读。

4. 笛卡尔《方法论》。

5. 赫尔德《语言的起源》选读。

6. 霍布斯《利维坦》。

7. 洪堡《思考及讲话宝典》。

8. 姚萨《说故事的人》。

9. 洛克《人类理解论》选读。

10. 《莫文杜史诗》。

11. 柏拉图《克拉提洛斯》。

12. 卢梭《论人类不平等的起源及基础》选读。

13. 史坦能《巴别塔之后》选读。

经典研读学程

[秋季课程]

1. 亚里士多德著作选读。

2. 奥古斯丁《忏悔录》。

3. 《圣经》。

4. 孔子《论语》。

5. 荷马《伊利亚特》。

6. 老子《道德经》。

7. 柏拉图《理想国》。

8. 古希腊女诗人萨福作品选。

9. 维吉尔《埃涅阿斯纪》。

[冬季课程]

1. 中世士林哲学家阿奎那的《论政治及伦理》。

2. 12世纪波斯诗人阿特的《百鸟之会》。

3. 18世纪英国女作家奥斯汀的《傲慢与偏见》。

4. 但丁《神曲:地狱》。

5. 玛璃·德·弗兰丝《小诗集粹》。

6. 笛卡尔《方法论》及《沉思录》。

7. 《可兰经》。

8. 洛克《政府二论》。

9. 马丁·路德著作选读。

10. 马基雅维利《君主论》。

11. 卢梭《基本政治论著》。

12. 莎士比亚《李尔王》。

[春季课程]

1. 柏赫斯《迷宫》。
2. 19世纪英国诗人艾略特的《荒原》。
3. 道格拉斯《道格拉斯生平自述》。
4. 法国小说家福楼拜的《包法利夫人》。
5. 《弗洛伊德作品选》。
6. 19世纪英国诗人济慈作品选读。
7. 《马克思及恩格斯作品选》。
8. 莫莉生《所罗门之歌》。
9. 《尼采作品选》。
10. 伍尔芙《自己的房间》。
11. 19世纪英国诗人华兹华斯作品选读。

由近古至今日的欧洲学程

[秋季课程]

1. 亚里士多德《政治学》。
2. 奥古斯丁《忏悔录》。
3. 《圣贝纳狄克特戒律》。
4. 《圣经》。
5. 14世纪英国诗人乔叟的《坎特伯雷故事集》。
6. 《可兰经》。
7. 马基雅维利《君主论》。
8. 柏拉图《自辩》及《克里图》。
9. 奥兹曼《马格达里邢与巴耳塔萨》。
10. 提尔尼《教会及国家的危机》。
11. 《西方的遗产》及《历史的种种面相》选读。
12. 本课程尚需阅读伊壁鸠鲁、马丁·路德等人的著作。

[冬季课程]

1. 笛卡尔《方法论》及《沉思录》。
2. 伊奎亚诺《游记》。
3. 霍布斯《利维坦》。
4. 洛克《政府二论》。

5. 孟德斯鸠《波斯书简》。

6. 卢梭《民约论》及《论人类不平等的起源及基础》。

7. 莎士比亚《暴风雨》。

8. 《西方的遗产》选读。

9. 电影《教会》、《危险关系》。

10. 本课程尚需阅读喀尔文、伽利略、牛顿、狄德罗等人的著作。

[春季课程]

1. 托克威尔《美洲的民主》。

2. 弗洛伊德《文明及其不满》。

3. 《心灵的习惯》。

4. 《马克思及恩格斯作品选》。

5. 19 世纪美国女作家斯陀的《汤姆叔叔的小屋》。

6. 伍尔芙《三个吉尼亚》。

7. 赖特《原乡之子》。

8. 本课程尚需阅读边沁、约翰·穆勒、林肯、威廉·詹姆斯等人的著作。

文学及观念史学程

[秋季课程]

1. 亚里士多德《伦理学》。

2. 《圣经》。

3. 伊比克特图斯《恩奇里狄昂》。

4. 欧里庇得斯《贝克赫》、《美狄亚》。

5. 《基尔格墨希史诗》。

6. 荷马《伊利亚特》。

7. 《海姆致狄米特尔》。

8. 柏拉图《自辩》及《理想国》。

9. 古希腊女诗人萨福作品选。

10. 索福克利斯《安蒂贡尼》。

11. 古希腊历史学家修昔底德斯《伯罗奔尼撒战争史》。

12. 维吉尔《埃涅阿斯纪》。

13. 《世界文明》及《古代地中海文明》选读。

[冬季课程]

1. 奥古斯丁《忏悔录》。
2. 中世哲学家波郁秀斯《哲学之慰籍》。
3. 14世纪英国诗人乔叟的《坎特伯雷故事集》。
4. 但丁《神曲》。
5. 玛璃·德·弗兰丝《小诗集粹》。
6. 皮桑《淑女的城市》。
7. 伽利略《发现及意见》。
8. 马罗《浮士德医生》。
9. 马丁·路德《基督教的自由》。
10. 马基雅维利《君主论》。
11. 蒙田《散文选》。
12. 莎士比亚《哈姆雷特》。
13. 紫氏部《源氏物语》。

[春季课程]

1. 贝克特《结局》。
2. 布瑞希特《采用的量度》。
3. 勃朗特《呼啸山庄》。
4. 狄更斯作品选读。
5. 歌德《少年维特的烦恼》。
6. 弗洛伊德《图腾及禁忌》。
7. 黑格尔《心灵现象学》。
8. 易卜生《希德·盖布勒》。
9. 乔伊斯作品选读。
10. 《马克思及恩格斯作品选》。
11. 尼采《悲剧的诞生》。
12. 卢梭《卢梭精选集》。
13. 日本能剧。
14. 伏尔泰《憨第德》。
15. 华格纳《特里斯坦及伊索德》。
16. 伍尔芙《灯塔行》。

17. 华兹华斯作品选读。

18. 爱尔兰诗人叶慈作品选读。

哲学及人之存在学程

[秋季课程]

1. 阿奎那《神学大全》。

2. 亚里士多德《论物理》。

3. 艾维洛斯《中世哲学》。

4.《圣经》。

5. 柯普斯东《中世哲学史》。

6. 荷马《伊利亚特》。

7.《孟子》选读。

8. 柏拉图《费都》、《理想国》。

9.《庄子》选读。

10. 维士顿《论辩守则》。

[冬季课程]

1. 培根《新工具》。

2. 巴丽《女人像男人一样行》。

3. 笛卡尔《沉思录》。

4. 霍布斯《利维坦》。

5. 孔恩《哥白尼革命》。

6. 洛克《政府二论》。

7. 牛顿著作选读。

8. 卢梭《民约论》。

9. 莎士比亚《暴风雨》。

10. 乌尔丝登克拉《妇女权利之辩白》。

11. 本课程尚需阅读伽利略、杰弗逊等人的著作。

[春季课程]

1.《达尔文著作选》。

2.《亲密之事：美国性史》。

3.《弗洛伊德作品选》。

4.《马克思及恩格斯作品选》。

5. 穆勒《众利主义》。
6. 欧威尔的政治小说《一九八四》。
7. 魏索《夜晚》。
8. 《早期非洲裔美国作家经典作品选》。
9. 电影欣赏及讨论。
10. 本课程尚需阅读康德、黑格尔、希特勒等人的著作。

（三）芝加哥大学

芝加哥大学在1891年创校之初,是以研究为主的大学,1922年设置的"学院"(The College)则是专注于大学部的教育,至今这仍是芝加哥大学唯一的一个学院,它的学生有三千多人,占整个学生数的三分之一。1929年赫钦斯(Robert Maynard Hutchins)任职校长,大力提倡通识教育,经过15年的经营,使芝大在通识教育方面的名声大噪,也使芝大的学院被称为哈金斯学院。

根据芝大学院前院长尼古拉斯(Ralph Nicholas)在《芝加哥大学的通识教育:教师组织与管理的角色》(刊于1995年3月《通识教育季刊》第二卷第一期):

> 芝大学院的课程以"社会"与"生命"两个不可避免的特质为基础。首先,一个活在民主社会的自由人应该不断地自我充实,好使自己能在各种不同的公众事务、艺术、科学等问题上广收资讯及见闻并作明智的判断。其次,我们所处的社会,乃是一世界的缩影,而且一直变化万千,既然外在环境变化如此之大,我们作明智判断的模式也要随机应变。当社会的视野不断地在扩展时,我们必须教导学生对跨文化的了解以致可以相互接纳文化差异。学生学习当今社会与文化的现状,对于20年或40年的未来其实并无多大助益,但是对变化多端及不确定的未来的"全方位性"应有所知晓。

芝大采用学季制,学院的学生在毕业学分中有一半是以涵盖6个领域的通识课程为主,名为共同核心课程(the Common Core),学生必须在其中修习21门课,分量相当重。换言之,学生的学习有一半是由学校设计、规定的。除了共同核心课程之外,学生毕业前还得修完另外 21 门课,其中包括 9 至 13 门的主修课程(Concentration Program)以及 12 至 18 门的自由选修课程(Electives),最后,像不少美国大学一样,芝大学生还要修过三个学季的体育。

共同核心课程的第一个领域是人文类;其中包括两部分:1."对于历史、文学及哲学典籍的诠释",这是连续三学季的学程。换言之,要满足这部分的要求,就必须一个学季中修完一个学程中的三门课。这些学程包括"世界文学选读"、"人文学的哲学观"、"希腊思想及文学"、"人类与公民"、"诠释的技巧:形式、问题及事件"、"人文学导论"、"文化面面观"、"人文学中的语言问题"。以"世界文学选读"这个学程为例,1995 年秋季开的课名为"疏离",其中选读柏拉图的《自辩篇》、福楼拜的《包法利夫人》、卡夫卡的《蜕变》、卡缪的《希西弗斯的神话》等作品。1995 年冬季开的课名为"罪恶",选读的著作包括康拉德的《黑暗的心》、三岛由纪夫的《金阁寺》及陀斯妥也夫斯基的《罪与罚》。1996 年春季开的课名为"行动",选读著作包括孟德斯鸠的《波斯书简》、狄更斯的《双城记》及索忍尼津的《伊凡·丹尼索维奇生命中的一天》)。2."音乐及视觉艺术",在这部分只需修一门课。举例来说,开设的课程有:"艺术及设计——视觉语言"、"艺术导论"、"艺术史——西方艺术"、"艺术史——中国及日本艺术"、"西方音乐入门"、"世界音乐入门"等。

共同核心课程的第二个领域是外国语文类,学生选择的若是法文、德文、拉丁文或西班牙文,需要修习四个学季,选的若是下述语文,诸如阿拉伯文、巴比伦文、中文、希腊文、古埃及文、希伯来文、意大利文、日文、韩文、俄文、梵文、土耳其文,则需要修三个学季。

共同核心课程的第三个领域是数理科学类,这是连续两个学季的学程,其目的在于借着使用数学、电子计算机、统计及形式逻辑等精确的人工语言,以培养学生形式推理的能力。其中学程有:"计算机程序设计"、"数学研究"、"微积分"、"基本统计学"。

共同核心课程的第四个领域是自然科学类,这个领域包括六门课。学生可以连续选六个学季的"自然科学"系列,也可以选三个学季的"物理科学"系列及三个学季的"生物科学"系列。

共同核心课程的第五个领域是社会科学类,这是连续三学季的学程,其中有:"财富、权力及德性"、"自我、文化及社会"、"社会及政治思想经典选读"等学程。

共同核心课程的第六个领域是文明研究类,这也是连续三学季的学程,其中有:"古代地中海世界"、"西方文明中的宗教"、"西方文明史"、"西方文明中的美洲"、"西方文明中的科学、文化及社会"、"近东文明"、"伊斯兰文明"、"非洲文明"、"俄罗斯文明"、"拉丁美洲文明"、"东亚文明"、"南亚文明"。

芝加哥大学在通识教育方面付出相当多的心力,以上课的形态来说,为了培养同学清晰的表达能力及批判性的思考能力,他们多采用15个人左右的小班教学。在教材方面,仅就西方文明的部分,他们就编纂了9本选读资料,涵盖古希腊至20世纪的欧洲,由著名的芝加哥大学出版社印行。另外,对这部分资料的使用,也有一本专门供教师参考的使用说明。芝大通识教育之闻名学界,绝非幸致。

(四) 哈佛大学

1. 核心课程的实施架构

依该校1994年规定,每一哈佛大学大学部学生均至少应修习通过32个科目始可毕业,其中16门为专业领域,8门为选修科目,8~10个科目为核心课程(即通识教育,并于一年级时修习)科目。核心课程之实施即以促使学生接受宽广的教育,培育他们兼具知识取向、专业知能及思维习惯为目标,以适应21世纪新时代的来临。核心课程之主要领域包括:外国文化、历史研究、文学与艺术、道德思考、科学、社会分析,并须修习英文写作、数理统计及外国语文。

2. 核心课程的规划

该校设有大学教育委员会(Committee of Undergraduate Education),负责大学学生的教育与辅导;另设核心课程委员会(Committee of Core Curriculum),负责规划推动哈佛大学的核心课程(以前称通识教育)。

3. 核心课程实施的内涵

	美非研究	应用数学	人类学	天文学与天体物理	生物化学	生物学	化学	化学与物理	古典文学	地球与行星科学	电脑科学	东亚研究	经济学	英语与美国文学	工程科学
外国文化	✓	✓	✓	✓	✓	✓	✓	✓	✓	✓	✓	×	✓	✓	✓
历史研究 A	×	✓	✓	✓	✓	✓	✓	✓	✓	✓	—	×	✓	✓	✓
历史研究 B	✓	✓	✓	✓	✓	✓	✓	✓	✓	✓	✓	✓	✓	✓	✓
文学与艺术 A	×	✓	✓	✓	✓	✓	✓	✓	×	✓	✓	—	✓	×	✓
文学与艺术 B	✓	✓	✓	✓	✓	✓	✓	✓	×	✓	✓	✓	✓	✓	✓
文学与艺术 C	✓	✓	✓	✓	✓	✓	✓	✓	✓	✓	✓	✓	✓	✓	✓
道德思考	✓	✓	✓	✓	✓	✓	✓	✓	✓	✓	✓	✓	✓	✓	✓
科学 A	※	※	※	×	×	×	×	※	✓	※	※	※	※	※	×
科学 B	※	※	※	×	※	※	※	※	✓	※	※	※	※	※	※
社会分析	✓	✓	×	✓	✓	✓	✓	✓	✓	✓	✓	✓	×	✓	✓

备注：打✓者应选一门课修习

打—者两类中,应选一类修习一门

打※者为必选科目

打×者该类科目可以免修

	公共政策与环境科学	艺术	德语与文学	民俗与神化学	政府	历史	科学历史	历史与文学	语言学	文学	音乐	数学	近东语言与文明	哲学	物理
外国文化	✓	✓	×	✓	✓	✓	✓	✓	✓	✓	✓	✓	×	✓	✓
历史研究 A	✓	✓	✓	✓	×	✓	✓	✓	✓	✓	✓	✓	✓	✓	✓
历史研究 B	✓	✓	✓	✓	✓	×	×	×	✓	✓	✓	✓	✓	✓	✓
文学与艺术 A	✓	×	✓	✓	✓	✓	✓	×	✓	×	✓	✓	✓	✓	✓
文学与艺术 B	✓	✓	✓	✓	✓	✓	✓	✓	✓	✓	✓	✓	✓	✓	✓
文学与艺术 C	✓	×	✓	✓	✓	✓	✓	×	✓	✓	✓	✓	✓	✓	✓

(续表)

	公共政策与环境科学	艺术	德语与文学	民俗与神化学	政府	历史	科学历史	历史与文学	语言学	文学	音乐	数学	近东语言与文明	哲学	物理
道德思考	✓	✓	✓	✓	✓	✓	✓	✓	✓	✓	✓	✓	✓	×	✓
科学A	×	※	※	※	※	※	※	※	※	※	※	※	※	※	×
科学B	※	※	※	※	※	※	※	※	※	※	※	※	※	※	※
社会分析	×	✓	✓	✓	×	✓	✓	✓	✓	✓	✓	✓	✓	✓	✓

备注：打✓者应选一门课修习

打一者两类中，应选一类修习一门

打※者为必选科目

打×者该类科目可以免修

	物质物理	心理学	比较宗教研究	梵文与印度文研究	罗马语文与文学	斯拉夫语文与文学	社会研究	统计学	社会学	视觉与环境研究	妇女研究
外国文化	✓	✓	×	×	×	✓	✓	✓	✓	✓	✓
历史研究A	✓	✓	✓	✓	—	×	✓	✓	✓	✓	×
历史研究B	✓	✓	✓	✓	✓	✓	✓	✓	✓	✓	✓
文学与艺术A	✓	✓	✓	×	×	—	✓	✓	✓	✓	—
文学与艺术B	✓	✓	✓	✓	✓	✓	✓	✓	✓	×	✓
文学与艺术C											
道德思考	✓	✓	×	✓	✓	✓	✓	✓	✓	✓	✓
科学A	※	※	※	※	※	※	※	※	※	※	※
科学B	※	※	※	※	※	※	※	※	※	※	※
社会分析	✓	×	✓	✓	✓	×	✓	×	✓	✓	—

备注：打✓者应选一门课修习

打一者两类中，应选一类修习一门

打※者为必选科目

打×者该类科目可以免修

(五)麻省理工学院(MIT)

麻省理工学院的大学生,国人大多以为非理科即工科。事实上,他们之中也有许多是主修人文、社会科学的如音乐、政治、语言、经济等。但是所有的大学生都是满足四个学程要求:

1. 科学学程:本学程包括化学、物理、微积分与生物。
2. 人文、艺术与社会科学学程
3. 条件性科技类选修学程(Restricted Electives in Science and Technology)
4. 实验学程

第一个学程的特点是即使是主修文法科的大学生也要接受很正式的科学基础课,而非观念介绍方式的导论课。

第二个学程的特点是在该学程中,每位学生必须选修至少八门课。这八门课中,至少有三门必须集中在一类中,譬如东亚研究、历史或音乐,构成一项"专门"(Concentration)。这个专门,并非该生的主修,而只是看成他在人文陶冶中的一个重点。

第三个学程的特点是在本身主修以外,要再加选至少一门非主修的科技课来扩充自己在科技知识方面的视野。

第四个学程的特点就是所有学生,不论文理,全部都会做科技类实验,其分量大约是一至两门课。

综合言之,麻省理工学院对于所有学生都有很重的科技课程要求,这是很不平常,而且也很难在一般大学中做到的,但是它确实可以培养文理兼修、有特色之文法科人才。它对人文艺术类之通识课,培养一个重点,类似一个与主修、职业无关的辅系,这也是一种很有见解的设计。

(六)哥伦比亚大学

哥伦比亚大学是美国大学推动通识教育的始祖之一。早在第一次世界大战后,鉴于专业分工之趋势已经使旧日之所谓博雅教育(Liberal Education)名存实亡,有识之士就整理出一套每一位哥大人必须研修的课与书。这套学问主要归入两门课,每门课都跨两学期。第一门课是当代文明(Contemporary Civilization),第二门课是文学(Literature Humanities)。第一门课包括古文明:犹太、基督与伊斯兰之发展;达尔文、尼采与弗洛伊德等。第二门课所指的文学是指西方文学的经典之作如荷马、柏拉图、歌德和莎士比亚的作品等。

哥大为了培养学生能主动研读,积极参与讨论,每班的授课学生人数不超过25人,因此一门课在同时间可以有四五十个班在上。这当需要相关教授的全力投入和优秀研究生的协助。

上述两门课作为核心课成了哥大通识教育的传统与特色。但是随着时间发展,也作了一些调整。譬如鉴于科技对现代文明之重要,就增加了科学方面的选修课;另外非西方文化之发展以及对西方国家之影响促使他们把亚洲研究(Asia studies)放到核心课程以内。他们也编了不少这方面的教材,以协助其他大学发展类似之课程。

哥大通识教育的最大特色就是持续地推动真正的共同必修课(Common Core),而不是在不同学门中各列出若干课,学生只要在各学门中或多或少选修了课,略知一二,就算超越了专业训练。哥大是经过慎重的选择,来有系统地教育一位高等知识分子,使他获得应该具备的学养。在一个事事讲求个人意愿的时代,这一种教育方式不容易维持,别的学校也不宜贸然尝试。但是他们这种培养读书人应有学养的严谨认真态度是很令人钦佩的。

(七) 纽约市立大学

1. 通识教育的实施

该校为奠定专门学术基础,培育现代知识分子,规划大学学生之修习课程应包括:技能科目(即读、写、算科目,英文、数学及写作,选习此科目应经 The City University Skills Assessment Teste(SKAT)测验分级)8学分、核心科目约60学分、主修科目30学分,修习规定之应修学分128个以上及格者始可获得学士学位。

2. 通识教育的内容

	文学院	理学院	艺术学院	理学院（非主修科学）
世界文明	9	6	6	9
世界文学	9	9	6	9
世界艺术	6	3	6	6
美国社会	6	6	6	6
人类学	＝			＝
心理学	＝			＝
社会学	＝			＝
哲学	3	3	3	3
生物	3	4—5	3	3
化学	※	8	※	※
地球大气科学	※	8	※	※
天文学	—		—	—
数学	—	7—10	—	—
物理	—	8—10	—	—
科学		3		
科学实验				3—18
算术				6—8
合计	48	65—71	36	67—74

附注：1."＝"表示其中选二门六学分。
2."※"表示其中选一门三学分。
3."—"表示其中选一门三学分。
4. 表列数字为核心科目（通识教育）学分数，为修习主修学程之基础。

（八）纽泽西州立大学

1. 通识教育的实施

该校主要有三个校区，每个校区各有特色，学生修习通识教育的情形亦有不同。就 Camden 校区而言，大学生必须修习通过应修学分 120 个始可毕业,其中属通识教育科目者60学分(应于一、二年级修毕),属主修科目学分者30至48学分,属副修科目学分者18学分以上。就 Newark 校区言,文理学院学生须修习通过应修学分124个,其中属通识教育科目学分59个,主修科目学分30至64学分,自由选修科目学分18至21学分。但整体而言,该校对大学部学生之课程规划,与纽约市立大学雷同,均分基础科目即读、写、算,选课前应经能力测验(New Jersey College Basic Skill Placement Test),以及通识教育科目及主修科目,主要为了培育学生具有批判性思考和有效率的沟通技能,能了解及适应社会与环境。

2. 通识教育的内涵

	Newark BA. &BS.	Nui. Col. Newark	Camden BA. &BS.
英文写作	6	6	6
数学	3	3	6
外国语文	6	6	6
历史	6	6	6
文学名著	6	6	3
科学实验	8	8～9	
自然科学(数学)	3	6	6
社会科学	6	6	9
艺术	3	3	3
人类学		3	
科际科目学分	3		3
遗传工程与科际			3
非主修科目学分	15	15	9
合计	59	59～60	60

附注:1. 表列字为学分数。
2. "自然科学"包括天文学、生物学、化学、地质学及物理,但 Newark 尚含数学。
3. "社会科学"包括经济学、人类学、政治学、心理学、社会学、都市研究、教育心理学、妇女研究等。
4. "历史"包括历史、哲学与宗教。
5. "艺术"含音乐、美术、戏剧。
6. "数学"含电脑及统计。

（九）普林斯顿大学

1. 通识教育的实施

普林斯顿大学大学部学生之课程安排、学术辅导等，均由 the College 负责。学生入学时不分系。一、二年级先修习通识教育科目，再接受指导于三、四年级选习专业科目。文学院学生最低应修习通过 30 门课始可毕业。科学，社会科学，艺术与文学，历史、哲学、宗教四类各二门课，及写作与外国语文等均属通识教育范畴。理工学院学生最低应修习通过 36 门课始可毕业，其中除写作外，至少应修习人文与社会科学课程七门课，皆为通识教育范畴。

2. 通识教育的内涵

该校通识教育科目即为共同必修科目，此类必修科目为各学术领域的基础科目，故要求一、二年级时修毕。该校 1996 年在学学生的通识教育课程内容分配为：

	文学院	理工学院
科学	2	
社会科学	2	
艺术文学	2	
历史哲学与宗教	2	
写作	1	1
外国语文	3～4	2
数学	※	
电脑	※	4
人文与社会科学		7
数学		4
物理		2
化学		1

附注：1. 除"人文与社会科学"所列数字为应修习科目数外，其他数字均表示应修习之学期数。

2. 外国语文经能力测验后再选课。

3. 文学院学生修习"科学"类课程为实验课；另数学与电脑为现代公民必备知能，该校鼓励学生修习。

4. 写作应于一年级时修习。

又该校规定自 1995 年申请入学者,应修习之通识教育课程为:

	文学院	理工学院
认识论与认知	1	—
伦理思考与道德价值	1	—
史学分析	1	—
文学与艺术	2	—
计量分析	1	—
科学与技术	2	—
社会分析	2	—
写作	1	—
外国语文	3—4	—
人文与社会科学		7

附注:1. 表中数字均为应修习科目数。
2. 理工学院学生须自"认识论与认知"等六个领域选习一门课为通识教育科目。
3. 表列应修习科目应于一、二年级修毕。

(十)马里兰大学

1. 通识教育的实施

该校基于提供学生积极参与民主社会必备知能,使之适应不断改变的生涯环境及协助学生更有成就感,使之成为一个"有教育的人",而推动通识教育。大学部学生应修习应修科目学分 120 个始可毕业,其中包括通识教育科目学分 46 个、主修科目学分及选修学分。

2. 通识教育的内涵

(1)基础课程:三个科目 9 学分,包括写作入门、数学及专业写作三科,各 3 个学分。

(2)一般研究课程:九个科目 28 个学分,分为:

A. 人类学与艺术类——包括文学、历史与艺术论,文学、历史与艺术论或人类学三门。

B. 数学与科学——包括物理、生命科学、数学与条理分析三门。

C. 社会科学与史学——包括社会、政治史、社会科学及行为科学三门。

(3) 进阶研究课程:为与主修不同的专业科目,二门6学分。
(4) 人类文化类:一门3学分。

二、考察心得

考察团成员以两周时间访问十所大学,虽行程紧凑,但接触所及亦略有心得,兹说明如下:

1. 美国大学之通识教育起于传统的大学教育之理想,并弥补高中教育之不足。

从历史上看,美国大学成立之初,大多只是一个学院(College),这个学院接收高中毕业生,提供若干课程,使学生成为文雅有教养的人,所以大学内不分科分班,每一所大学原先只是称为学院,譬如哈佛大学(Harvard University)就是哈佛学院(Harvard College),哥伦比亚大学(Columbia University)的前身是哥伦比亚学院(Columbia College)。到了后来,大学毕业生不足应付专业人才之学识需求,所以再陆续成立大学生毕业后去进修的专业学院(Professional school),如商学院、法学院、医学院等,于是组成一所大学。本考察团所访问各大学多半均承继此种传统。

除了传统之因素外,近来美国大学重视通识教育之加强是来自高中教育水准之低落。几乎所有美国大学教授都表示他们的高中毕业生之水准不如往日,这当然可能是教育普及化以后必然之结果。但是高中教育是不折不扣的非专业教育,也就是通识教育。所以高中教育品质下降的事实,造成美国大学必须加强自身之通识教育来作某种程度之弥补。

2. 美国大学推动通识教育之方式,较为多元,但主要方式有二:(1)核心课程;(2)平均选修方式。

哥伦比亚大学较早提出所谓"核心课程"(Core Curriculum)。名为"核心",即系要求每位学生都要参与,这很像我们的共同必修课。芝加哥大学则称之为共同核心(Common Core)。以哥伦比亚大学为例,"核心课程"包括两门大课,现代文明(Contemporary Civilization)与人文学(Humanities)。授课采小班制,每班不超过25人,以鼓励双向交流。所以上千名大学生,等于同时有约50门同样的课一起上。据说学生除了能培养一些基本学养外,也能建立一些共通的课题与回忆,达到"共同"的目的。哈佛大学则将核心课程订为十类。包括外国文化,历史 A,历史 B,文艺 A,文艺 B,文艺 C,伦理,科学 A,科学 B,社会分析。每一类中包含几门课程,每位大学生必须在四年中,在其中八项里至少各修一门课。一位主修历史的学生,就会要求在历史 A、历史 B 以外的八类,每类至少修一门。这样的做法,造成各班之人数自然差异甚大,可以从十来人到几百人,构成另一种行政管理上之困难。

每个美国大学生在通识教育之分量要求上,大约是其总修课数的四分之一到二分之一。譬如哈佛大学,大约是四分之一。而在芝加哥大学,他们将毕业学分下分为三部分。第一部分是共同核心,占二十一门课。这里面包括人文四门,外国语文三至四门,数理科学两门,自然科学六门,社会科学三门。第二部分专业主修(Concentration Programs),这里包括九至十三门课,最后第三部分是自由选修,包括八至十三门课。

除"核心课程"这种模式之外,也有大学采用"平均选修"方式。本团所访问的此种方式,麻省理工学院的通识教育规定每一位大学生毕业前必须修足六门科学类课,其中包括物理、化学、微积分与生物;八门人文、艺术及社会科学类中,必须至少有三门是集中在某一类,譬如音乐、历史或是语言。这一种设计有几项特色,第一个特色是科学类之分量非常重,而且这些共同课程都可看成专业主修的入门课程度,类似台湾的大学的普通化学、普通物理、微积分,而非一般介绍给"局外人"的通识性化学、物理课。所以这些课包含大量的习题演算等。

一般人或许以为麻省理工学院的大学部学生原本是专修理工的精英学子,以这些当成共同课,也没有什么特别。殊不知该校也有许多主修人文、艺术或社会科学的大学生。所以一位在麻省理工学院主修音乐或是政治的学生,他在科学上之素养是远超过一位同样优秀但是在哈佛大学就读的学生。一位在人文艺术有极高天分,但是数理能力平平的高中毕业生,如果他不会以科学类当做主修,则他也许可胜任哈佛大学的学程,但是如果他进了麻省理工学院,他将毕不了业。任何一位申请麻省理工的学生即使将来想走入音乐、政治,他也知道自己仍然必须有很强的数理能力。这套制度可以培养一些在人文社会科学方面的领导人,他们同时在科技方面有相当深的学养与自信心,很值得深思参考。这套制度的第二个特色是辅导将来准备主修理工科的学生在人文社会科学领域中至少有一项能略具深度,而不是蜻蜓点水式,每一样学一门,应付了事,几乎等于是一套很不成功的高中第二类组教育之延伸。所以对每一位学生采取某一项之重点辅导，譬如一位主修机械工程的学生，如连修三至四门历史学的课，他可能才会慢慢领略历史学之宗庙之美，养成研读史籍的习惯而不是只为应付考试及格。每一位理工科学生若都能培养出一项在人文社会科学领域中以兴趣作导向的辅系，这也是教育上的一大成功。

3. 美国大学推动通识教育均设立专责单位负责课程之规划及考核等业务。

本团所参访的十所美国大学推动通识教育均投入大量的资源，事前有长期的规划、严格的审核，如此才能开出充实的课程（学生也相对要付出很大的心力），教学过程中教学助理的协助、事后检讨改进等工作都能落实，各校杰出的表现绝非幸致。当然，这些学校也不是没有阻力，尤其是某些学费昂贵的学校，学生及家长都会质疑占了大学课程一半分量的通识教育究竟对将来的出路有何助益，校内的同仁也不时会发出不同的意见。但是，这些学校仍然坚持这种教育理念，因为他们认为这样才是真正的大学教育。他们之所以能够坚持下去，不是因为少数主管或教授的意志特别坚定，而是因为这些大学长久以来都认同这种教育理念，长久的传统使校内大部分的老师形成一种共识，认为尽管专业很重要，但通识仍属大学教育中不可或缺的一环。唯有在这种共识之下，通识教育才可能在各个层面得到足够的资源。

但值得特加注意的是：美国大学通识教育的师资主要来自各项研究所专业师资，人力不足则会遴选优秀的博士班研究生支持。对这些研究生而言，增加一些教学的经验和资历，对他们未来就业有帮助，所以大多乐意投入。对于专业教授而言，因为大学部学生不分系，所以提供这些课，等于替自己专业的研究所作宣传，争取优秀大学生来主修，或是毕业后来投考，大多数教授基于上述理由或是对于教学本身之兴趣，也能在没有额外酬劳的条件下支持通识课。但是有些大学也面临专业与通识之间的对立，教授们比较愿意留在自己的专业领域内，因而，负责通识教育的单位需要多费些心力来敦请师资。有的学校会提供一些经费补助那些愿意教通识的老师，甚至给他一个助理来协助准备教材。有的学校会在聘约中写明教师有教通识课程的义务。有的学校则给予负责通识教育的单位推荐新进教师的权利（发聘仍由各个学系负责）。但是，没有任何一所大学把通识教师归为一类，他们有专门负责通识教育的单位，但是，所有教通识课程的老师都是来自其他的学术单位。这点与台湾不同,也是值得借鉴之处,台湾大多数大学的通识教育课多由外聘兼任教师以及本校通识教育专业教师担任。这些专任教师隶属所谓"共同科"或是"通识教育中心"。通识一词,顾名思义,不是一项专业学问,而是集合各门知识所成的共同基础,所以它不可能成为一个研究所,也没有专属于自己的大学部学生,构成所谓"系"。这些专任教师,因为在校内找不到研究生与同道切磋讨论,难免会有怨言,当然通识教育专任教师之设置有其历史背景与现实考量。大多数专业研究所教师,由于大学部学生早已分系,没有争取学生的需求。再加上近年来鼓励作研究,对教学之热忱更趋减少。如何使更多的专业所教授愿意对全校之大学教育作出更多之贡献与关注,构成台湾推动通识教育之一大挑战。

4. 美国大学之通识教育一般而言均特重人文社会课程,但近年来亦逐渐在人文社会与自然科学课程之间力求其均衡发展。

美国一流大学的通识教育内容,除了麻省理工学院能把各种学问等量齐观之外,其他不少大学尤其是常春藤盟校的大学或多或少有重人文轻科技的倾向。如哥伦比亚大学的两门共同课是现代文明与人文。其中的现代文明仍然是集中人文社会科学方面的发展,在十二章中只有一章是谈达尔文进化论。至于电脑、电子科学等等的发展似乎都不算现代文明中可考虑的题目。哥伦比亚大学的大学部主任也承认他们的决策阶层均属文法科教授,常常自我调侃在科技方面的无知,所以现在也在通识教育中加了自然科学的课,属选修性质。但是本团所访问的一些州立大学却有创新之做法,譬如纽约市立大学就规定每一位大学部学生必须修英文写作和数学课,看作是技艺性课程(Skilled courses),共8学分,然后是包含自然科学的60个学分作为核心课程。在马里兰州立大学,也有类似的安排。他们将大学共同核心课程分为基础课(Fundamental studies)、一般分布课(Distributive studies)和高等课(Advanced studies)。每一位主修文法的学生在基础课上必须修习数学,即使它的程度较简易,可能不包含微积分。而如果该生低于上课之程度,就必须先上补习课(Remedial Course),再来修该课。到了一般分布课阶段,它分为人文艺术、数学与科学、社会科学三部分,每一部分都必须修三门。如果主修理工科的,当然可以用本科的课来抵数理课。而主修人文的学生等于在这阶段至少要修共四门数理科学课。反观我们的教育,许多学生在中学阶段就已经放弃数理,反正联考中,文法商的学生,六门必考科中只有一门是数学,即使放弃数学,全力争取五门高分,一样可以进入大学。而进了大学之后,他更是从此脱离苦海,不需要修习任何科技课。许多人常误解美国教育非常自由,完全由大学生自己去决定他选修之课。事实上任何一所像样的美国大学都对大学教育在文理课方面有一定比例之要求。在科技发展日新月异的现代世界,台湾的文法科教育实质上可能培育出不少科技文盲,是台湾通识教育中最需要纠正的一点。所以如何使台湾文法科的大学生,在经过六年不理想的中学教育,已经对自然科学产生疏离感后,能够重新拾回一些兴趣与信心,是一项艰巨的任务。

5. 美国大学通识教育课程之讲授,较为活泼,科技类通识课程多有实验课,较易引起学生兴趣。

本团所访问普林斯顿大学在大学部课程订定七学门。每一位大学生都必须在每一学门中,至少修一至二门课,其中两个学门与数理有关,一个是计量分析(Quantitative Reasoning),另一个是科技(Science and Technology)。在科技学门中,每一位学生必须至少修两门课,而且包含实验。主修文法科的学生,也可以走进实验室,从实验中有所体会。这个学门的另一个特点是它所包括的许多课中,除了物理、化学、生物类以外,也有许多工程科技,如集成电路之实务与原理,材料工程的实验技术等。这种安排无论在美国或是台湾大学都少见于现有之通识课程,这也很值得参考尝试。事实上,下学年马里兰州立大学之工学院院长德斯特勒(Destler)教授就要在他们的共同核心课中开一门科技入门课,Technology Literacy。哈佛大学的通识课程助理主任在访谈中表示她在大学修通识课时,有关科学类部分她就选地球科学,因为那门课要做许多野外调查,比较有趣。

三、具体建议

1. 教育当局应资助民间通识教育团体或大学,设立"通识教育教师发展中心"之类组织,定期举办教学经验交流或课程发展等活动,持续提升台湾大学通识教育之水准。

本团此次访问美国十所大学,访谈所得之一,即为全美许多大学如University of Washington、Syracuse University、University of Texas、Stanford University、U. C. Berkeley 及 Harvard University 等均设有类似"教育发展中心"之类单位,其中尤以本团此次访问之哈佛大学的 Derek Bok Center for Teaching and Learning 最为令人印象深刻。

台湾推动大学通识教育业经10年,虽然也取得一定的成就,但尚无类似教学发展中心之组织,故一方面各大学通识教育教师缺乏相关教学方法等资讯,另一方面各大学通识教育之经验也缺乏交流之固定管道,此类中心值得有关单位资助推动。

2. 台湾各大学推动通识教育,应加强课程规划与教学设计,由教育当局资助出版,以作为教师之参考。

本团此次所访问美国各大学推动通识教育,均由大学自行印制或与出版商合作,出版通识教育课程之课程大纲(Syllabus),极便教学参考之用。台湾多数大学推动通识教育十余年来,通识课程的数量大量增加,但相应的教材却未随之增加。通识教材的编纂常具有"科际整合"或"跨学门"之性质,因此困难度较高。个别的教材散处各地,未经"发掘"或系统整理。而在达到此目的以前,课程说明之编辑势在必行。完整的课程说明书可以奠定教材的基础。另外各种诱因及宣传(例如卖得好或得到肯定)也可促使好教材的产生,而教材不仅局限于平面或传统者,尚应致力于立体及创新教材。

3. 台湾各大学推动通识教育,尚可再加强核心课程之规划与落实,以提升通识教育之水准。

本团此次访问美国各大学,发现通识教育实施成绩卓越者,均有全校性核心课程之规划。反观台湾多数大学之通识课程的型态迄今皆停留于"自助餐"的阶段,各大学开授许多课程让同学自由选择,难以建立课程间之关联性,这是通识课程流于"营养学分"的原因之一。为了资源的有效运用,未来朝向核心课程及通识学程的规划势在必行,目前国外的通识教育以核心课程见称的如斯坦福大学的"human biology"核心课程,芝加哥大学的"经典通识教育"课程,均值得借鉴。未来台湾各大学通识教育核心课程之规划似宜透过各校校内较为广泛之参与而展现出各校的特色,单科学校更适合精致的核心课程,课程内容可包括经典名著选读、实习等,涵盖知识通识及生活通识课程等范围。核心课程亦可规划为主要核心课程及次要核心课程,或人文社会核心课程及科学工程核心课程等,以便适应不同学院学生之需求。

4. 教育当局应协助各大学以课程专案申请之方式,资助相关人事费、演讲费等经费,协助各大学发展通识课程之教学。

台湾各大学十余年来推动通识教育过程中,教师不足、潜在师资的未能发掘及教师的校内交流管道不畅等是其重大困难之一。各校校内教师之中隐藏着可能的通识师资,但因其本系的研究及教学压力,以及外在诱因不足等因素,以致他们裹足不前,未能积极参与通识课程之教学工作,另外私立大学有时限于经费也无法大量聘请相关师资。

本团此次访问之美国各大学,均列有专款补助通识教育课程之相关费用,芝加哥大学为吸引优秀教授开授通识课程,甚至以加薪之方式增加诱因。此类方式在台湾较不易实施,但盱衡过去教育当局补助各大学之通识教育改进计划,均侧重硬件设备之添购等"资本门"之经费补助,此后之补助方式宜略加调整,亦即增加"经常门"之补助金额,协助各大学因规划开发新课程、校内合聘或校外借调师资所需之人事费、演讲费等支出。教育当局可以以主管机关的立场,另立"通识教育类"供各校通识教师有机会申请出国短期进修,继续推动私立大学兼任师资费用补助,甚至推出"驻校讲座"通识教育推广计划,补助各大学邀聘学术地位及人生经验均足以作为通识教育领导者之优秀教师,以学期或学年为单位,到各校积极推动通识教育。

5. 教育当局宜资助并配合民间通识教育学术团体,对台湾各大学之通识教育定期进行评鉴,以作为改进台湾大学通识教育之参考。

本团此次访问美国各大学所见,通识教育课程每年均实施评鉴,校方主管单位及师生共同找出通识课程之问题而力求改进。台湾各大学推动通识教育,亦宜在适当时间进行类似评鉴工作,并发表《台湾大学通识教育报告书》,以作为各校之参考。(本文曾刊于《通识教育季刊》第4卷1期,新竹与台北:台湾清华大学与台湾通识教育学会,1997)

※ 本文第二节部分内容,曾发表在:万其超:《美国大学通识教育近况与科技类课程之可行方案》一文之中,该文刊于《通识教育季刊》第2卷第3期(1995年5月),第7—25页。

(黄俊杰　万其超　张光正　朱建民　王福林)

附录二　日本大学通识教育考察报告

一、前　　言

　　台湾虽早于 1958 年颁定各大学"共同必修科目"作为通识教育的核心课程,随后于 1964 年、1973 年、1977 年均加以局部修订,并于 1984 年 4 月 5 日为配合"大学必修科目表施行要点"第七点之规定:"使学生在自由选修中可获得较佳的通识教育",公布"大学通识教育选修科目实施要点",要求各高等院校在"文学与艺术"、"历史与文化"、"社会与哲学"、"数学与逻辑"、"物理科学"、"生命科学"、"应用科学与技术"等七大学术范畴内开授各种选修科目,同时规定学生必须修习 4 至 6 学分的课程,然通识教育的功能仍未因此彰显。因而于 1987 年成立专案小组研提改进方案,1988 年亦全面修订大学必修课程,二项措施均因改革幅度较大之故,未能通盘实施。终至 1992 年公布"大学共同必修科目表",突破以往"学科"的形态,而改以"课程领域"来设计,将通识课程纳入共同必修科目中,由原定 4 至 6 学分提高至 8 学分,并给予各校开课弹性,使学校在课程设计上能享有宽广的空间。此举为教育史上一重大改革,具时代意义,但于现实环境种种限制下,通识教育之实施仍面临诸多困难:其一为通识教育之重要性虽被接受,但对其内涵的认知仍然分歧;其二为各校普遍缺乏专责统整的规划单位;其三为师资来源不足,教材未能有系统整理而影响课程开设;其四为课程设计上仅重视学科之开设而忽略"潜在课程"在通识教育上意义;其五为学生未能建立正确观念及态度修习课程;其六为部分学校系所抱持"本位主义",缺乏改革意愿。

为了实地了解日本通识教育实施之现况,以及目前日本各大学对于废除"教养部"之相关背景及影响,我们遂组团在1994年6月6日至15日选定日本七所不同性质的大学前往访问,包括:东京大学教养学部(公立),御茶水女子大学(公立),日本大学(私立),大阪地区京都大学综合人间学部(公立),关西大学(私立),福冈地区九州大学(公立),西南学院大学(私立)等七所公私立大学或学院。这篇报告就是根据十日访问所见所闻而撰写,希望作为台湾大学通识教育推动的参考。

二、日本通识教育实施概况

日本各大学之课程,在"大学设置基准"第五条等有原则性之规范,依照其规定,大学修业至少124学分(第三十二条),而1948年第二次世界大战结束后,美军顾问团监管日本时所规定教养课程必须包括人文科学、社会科学、自然科学各12学分,外国语8学分,体育4学分,合计48学分。至1971年调整大学课程时,将教养课程中之人文、社会、自然科学三领域必修习学分数降为8学分,合计36学分。在日本临时教育审议会成立后,通盘检讨教育改革问题,于大学教育朝向"自由化"方式调整之目标下,对于教养课程学分之配置及规划均予各校较大的弹性,目前仅规定基本教养课程30学分。至于课程之内容与架构均由各校自行订定。

三、教养部存废之相关问题

过去日本大学教育对教养课程颇为重视,以早期48学分课程之规定,即占全部大学课程的38%,即或以后期的36学分,亦占29%。由于教养课分量甚重,因此学校乃形成专责单位负责,即所谓"教养部"。一般公立大学均有类似组织,私立大学则在经营理念、资源运用效益以及就业导向之目标之下,教养课程多直接归属各专业学部规划。

"教养部"之设置,其基本目标原系希望能使大学生从一般教育(通识教育）进入专业教育有理想的过渡,并提供学生更理想而完整的大学教育训诲。但"教养部"设置行之多年之后,却衍生出诸多问题,其较为重要者如下:

（一）教养课由教养部负责提供,逐渐与各专业学部脱节,与原规划的基本精神背离。

（二）教养教育的组织日渐僵化,而使一般教育与专业教育之间完全割离。

（三）教养课程形成高中教育之延续,但其内容却与高中教育多有重复。

（四）教养教育通常采取大班教学,效果受到质疑。

基于前述问题之衍生,日本学界乃有废止"教养部"的构思,希望能使大学教育四年有一贯课程之衔接,并提高"一般教育"之水准。值得注意的是,废止教养部并非不再重视一般教育（教养教育）,而是要提高其水准与功能。

废止教养部,调整教养课程的改革,在日本历经相当长时间的努力,但就本次访察数所学校所见,可以看出日本国立大学本质上仍是相当保守。以东京大学之"教养学部"及京都大学的"综合人间学部"观之,本质上并无太大的改变。这可能是因为日本国立大学教师为"国家公务员"的身份,对改革较为保守。但不论如何,日本各大学对于使课程更具有一贯性,提高一般教育水准,甚至努力于教育自由化,让学生在课程修习有更大弹性等方面,均有相当程度的改变。

四、整体考察印象

（一）对日本大学教育之观感

日本大学教育发展的过程及问题,与台湾颇有相似之处,同样受到美国教育思潮的影响甚大,例如文凭主义、升学压力、大学教育内容的形式化等等,都显示美国教育制度移植于东方文化传统所衍生之问题,尤其具体反映在：

1. 大学生学习态度不佳：日本一般大学生要求 124 学分（与台湾 128 学分相近，但台湾尚有体育、军训课程未计），一般课程上课 15 周（台湾为 18 周），每周上课 90 分钟（台湾为 100 分钟），计 2 学分，外语课程、体育、实验实习课程计 1 学分。就一般教师反映，学生课业负担很轻，学习只求过关，因此点名制度在日本也极为普遍。

2. 大学组织的僵化：无论是学部（院）或学科（系）之划分，都与台湾极为相近，尤其在公立学校，部、科之调整并未考虑配合社会变迁的需求。学部拥有相当的自主性，掌握各项资源，各学部之间整合也有困难（相较台湾，以系所分配资源的情形稍佳）。

3. 升学压力甚重：中小学以升学为导向，虽然其大学数量甚多，但明星学校在社会的刻板评价下，学生一窝蜂想挤入明星学校之情形，与台湾情形相若。

虽然有前述之问题，但日本教育界在教育改革的步伐上显然较台湾快速，其多元化与自由化的程度对台湾大学教育应有相当值得参考的地方。几年前日本成立"临时教育审议会"，冀望从现行教育体制架构外，寻求规划教育改革之方向，这也正是台湾准备走的方向。

（二）对于几所访视之国立大学的综合观感

本团访问日本国立大学所见之综合印象如下：

1. 日本之国立大学对政府依赖程度甚重，学校收入仅占学校全部支出的 20%，学费收入占教学研究支出的 10%，其余均需赖政府支持，此与台湾相同；其为政府公务预算体系之一环，但在经费之运用上，重视软件的经费，显然比台湾为优。

2. 重视传统，对于校舍之维护也非常注重，多数校舍均为老旧建筑，但内部的清洁维护则做得很好，这和台湾经常更新建筑大有不同。

3. 缺乏经营的理念，与社会的互动不积极。

4. 学部之间在资源的整合及整体性的规划上亦有不足。

5. 组织庞大，除御茶水女子大学外，学生人数皆近二万人，并有附设医院、附属中学、小学、幼稚园。

6. 教师与学生之比例约为 1:7，职技人员与教师之比例约为 1:1，均优于台湾。

7. 图书资源相当充足，藏书均超过百万册，但一般采用分散管理（亦有总图书馆），效果如何有待评估。

8. 研究经费绝大部分来自政府。

9. 一般均成立有许多类似台湾的研究中心的研究所，但是否能达到整合学部之研究功能则不明显。

（三）对于几所访视之私立大学的观感

本团访问日本私立大学，所得之印象如下：

1. 非常重视就业导向，由于大学数量多，为招揽学生，往往必须以毕业生就业机会为宣传，同时反映教学课程上的规划。

2. 重视经营理念与绩效，颇能将企业经营的精神运用在学校行政管理上，和公立学校完全不同。

3. 校舍相对于公立学校都较为新颖现代化，似乎显示其传统的包袱较少，而重视时代变迁的动脉。

4. 学杂费自由化，但学校在订学杂费时必须考虑市场之机能。整体而言，除入学要缴捐献金外，每年负担之费用亦远高于台湾。医科学生在学期间大约需负担近一千万台币，文、法科学生亦需约一百万台币，此尚不包括生活费。但各私校均提供学生许多任务读机会，部分亦有奖学金及贷款制度。

5. 文部省对学校补助之经费，大约低于学校全部经费的 10%，尚低于台湾，但因其基数高，金额则相当可观，以日本大学补助费约台币 25%，关西大学亦超过 6 亿元。

6. 人事费支出占全部支出比例并不高，其教师与学生人数之比例，日本大学 1:30，关西大学 1:50，尚高于台湾私立大学，但其教师待遇则高于公立学校（高出三分之一）。

7. 重视与社会的互动，如关西大学即有"后援会"的组织，包括校友及社会之参与。

8. 学部之间的区隔情形,不像公立学校,而较能注重整体性资源的整合。

9. 学校都有附属的中学、小学、幼稚园,甚至还有短大及通信教学的课程。

(四) 大学与文部省之互动关系

日本的大学在定位上与台湾的大学相似,私立学校为非营利的"学校法人",公立学校视同"政府机构"。无论公私立大学均有相当的自主性,校长之产生均由教师以"选举"方式产生,而文部省与各大学也都维持相当良好的互动关系。访视中印象最深者,即为各校对文部省政策均全力配合执行,未闻有对文部省政策批判或质疑的声音,此与目前台湾的大学之情形显然不同,其原因相当值得再深入探讨,但其可能之因素至少包括:

1. 传统民族性。日本人相当重视工作伦理,对于职务从属关系极度尊重。

2. 日本大学对于学术与行政之分际相当清楚,教师只在学术之事项上拥有自主性,行政体系之运作则由文部省充分掌握,在公立大学均有事务局的组织,其人员由文部省派任,执行文部省之政策。学术与行政体系之运作,彼此能相互尊重。

3. 教师具有较高的自省能力,不会过度自我膨胀,而能掌握自我职责之分际。

(五) 对于教养课程改革之心得

日本大学的教养课程相当于台湾的大学的共同必修课程及通识课程。台湾对于大学课程之改革,目前争议甚大,未来各大学课程自主已是必然之趋势。日本大学之经验可供参考者如下:

1. 以类科领域取代科目名称为规范共同课程之依据,避免意识形态的争议。

2. 重视外国语之教学（多数包含两种外国语,应修学分占大学应修总学分的十分之一强）。

3. 逐渐重视一般教育与专业教育之连贯性,各学部在课程规划上拥有更大的自主性。

4. 重视学生在课程选择上的自主性,提供各科目任课教师、授课主要内容、成绩考查方式等充分之资讯,供学生选课之参考。

就台湾目前系所分化、各系所要求自主之状况下,对于课程之整合规划更为不易。在另一方面,台湾部分教师未能深刻掌握学术自主之意义,也是课程自主化可能产生的负面影响因素。从日本之大学课程规划经验来看,仍有对于通识教育理念与大学教育基本力能目标不清楚之状况,值得作为未来探讨之重点。

五、各大学通识教育实施概况

（一）东京大学

1. 教养课程的实施

该校设有"教养学部",所有大学生入学的前二年均由教养学部负责施教,后两年再进入各专业学部接受专业教育。新制改革后,教养学部仍然存在,学生入学后前二年仍然接受教养学部提供之教养课程,但不同的是按不同类组的学生差异,提供不同的课程。

2. 教养课程的规划

该校为配合文部省的政策,成立"东京大学前期课程教育改革问题检讨委员会",负责规划新的前期课程。

3. 教养课程之架构及内涵

大学入学学生区分为文一、文二、文三、理一、理二、理三,六大类组,在前期二年课程中所要求的课程及学分概为：

类组	基础科目					总合科目	主题科目	全部
	外国语	情报(资讯)	方法论基础	基础演习	体育			
文科一、二、三类	14	1	8	2	2	18	（未订）	52
理科一类	12	1	16	4	2	18	（未订）	60
理科二、三类	12	1	16	4	2	18	（未订）	60

注：1. 外国语科目至少修习二种外语，"既修外国语"6学分，"初学外国语"文科类组8学分，理科类组6学分。

2. 方法论基础，文科类组学生人文科学、社会科学每项至少2学分，全部8学分。理科一类学生须修数理、物质各8学分，理科二、三类学生须修数理、生命各4学分，物质8学分。

3. 总合科目分为"思想及艺术"、"国际及地域"、"社会及制度"、"人间及环境"、"物质及生命"、"数理及情报"六大类，每类均开设许多科目供学生选修。按学生在大学后期（三、四年）将进入专业学部，对各类领域所要求学习之学分数有不同之规定。

4. 检讨

（1）东京大学（前身东京帝大）是日本高等教育的龙头，该校毕业生在社会各领域中均可享受特殊之待遇。而校所获得的资源，几乎占所有国立高等院校的半数。也由此可以看出该校对传统的执著及封闭的性格。

（2）在日本文部省改革教养课程的政策下，该校是极特殊之例子，仍将维持"教养学部"的存在，"教养学部"除负责全校大学生前期课程外，本身也能培养学生。据统计，完成前期课程者有5%的学生继续留在教养学部完成后期课程（毕业生多从事公务员工作），故"教养学部"与其他"专业学部"之区隔变得模糊。

（3）虽然"教养学部"对前期课程仍负全责，但在课程规划上已试图朝整合方向调整，并试图与专业教育作较好的联结。

（二）御茶水女子大学

1. 教养课程之实施

学生入学即分属各学部、学科，由各学部提供专业课程与教养课程之教学。

2. 教养课程之规划

未设教养学部，而设置课程委员会，由各学部教师代表组成，根据学生兴趣及教师之专长来规划教养课程。所有教师均须担任专业课程及教养课程讲授之责任。

3. **课程之架构及毕业学分之要求**

所有学生最低毕业学分数为124学分,包括:

(1) 教养课程:包括基础课程讲授、基础课程研讨、综合科目、情报(资讯)、外国语、体育等六大范畴。

(2) 专攻课程:系科专业课程。

(3) 关联课程:与系科专业相关之课程。

对于教养课程之要求学分数为:

(1) 文学部与教育学部:外国语12～16学分,体育4学分,其他18学分。

(2) 理学部:外国语12学分,体育3学分,生物学科(系)要求情报1学分,所有教养课程至少须修30学分。

(3) 生活科学部:教养课程至少须30学分,其中外国语8学分,体育2学分。

4. **教养课程之内涵**

(1) 基础课程讲授:计开设有哲学、伦理学、伦理宗教、现代心理学、日本文学、外国文学、日本语论、艺术、法学、现代社会分析、经济基础、现代经济、社会史、文化人类学、地域研究、生活社会、国际社会、女性问题、数学、物理学、化学、生物学、统计学、地球科学、自然人类学、环境科学、一般物理(化学)实验等科目供学生选择。

(2) 基础研讨:由学生选择教师,跟随其做相关之独立研究。

(3) 综合科目:采用系列组合之课程内容,根据教师专长由一组教师(Team Teaching)共同开设科目,每周之主题由不同教师担任授课。

(4) 外国语:着重会话能力之训练,学生可选择一种外语,在学校所开设之科目中选读。如以英语为专攻,至少须修12学分,选择其他外语为专攻至少须修16学分。

(5) 体育:包括保健科学及运动训练课程。

5. **检讨**

(1) 该校为一精致小型的学校,强调教养课程与专业课程之结合,教师同时担任教养课程与专业课程之教学,以使整体课程求取连贯性,有其可取之处。

(2) 一般学校均要求二种外语之必修,该校则仅要求一种,课程分量集中,在专精训练上有其特点。

(3) 由于是一所女子大学,无论科系或课程之规划均以人文社会科学为重,自然科学方面之教养课程相对较为不足。

(4) 综合科目之规划颇见用心,同时每年检讨规划新的科目,有其可取之处。

(三) 日本大学

1. 教养课程之实施

学生入学后即分属各学部、学科,由各学部提供专业课程及教养课程之教学,其中教养课程均集中在一、二年级。

2. 教养课程之规划

未设任何专责单位规划教养,完全由各学部自行规划。各学部师资中担任教养课程之师资近五分之二。

3. 毕业学分之规定

依文部省规定,最低毕业学分数 124 学分,其中教养科目不得少于 30 学分(一般教育科目 20 学分,外语 8 学分,体育 2 学分),部分学部对教养课程最低学分要求较高。

4. 教养课程之内容

一般教育科目分人文科学、社会科学、自然科学及复合课程四大类。复合课程为跨领域之科目,各类课程均开设许多科目供学生选择。

5. 检讨

(1) 该校为全日本最大规模之学校,含附属高中 22 所、短大、通信教育、附小,学生人数近十万人,所以在课程之整合性上较为不足。

(2) 非常强调"就业取向"之教学,故在通识课程方面的重视程度相对较为不足。

(四) 京都大学

1. 教养课程之实施

该校在 1993 年将原"教养部"改组成立"综合人间学",与其他专业部性质相同。教养课程则分别由各学部开设,学生可以至其他学部修习,不过仍以"综合人间学部"开设之教养课程比例最高,约占所有开设教养课程的95%,而教养课程也并不集中在一、二年级实施,而是混合在四年课程中。

2. 教养课程之规划

该校将"教养课程"之名称改为"全校共通科目",设有"共通课程委员会"由各学部代表组成,协调共通科目开设之有关事宜。

3. 全校共通科目之架构及学分要求

该校将全校共通科目,概分为A、B、C、D四类:

A类——人文、社会科学系列科目

B类——自然科学系列科目

C类——外国语科目

D类——体育保健科目

各学部对"全校共通科目"所要求修习之学分数有所区别,其情形如下:

	学　部								
	文	教育	法	经济	理	医	药	工	农
A	24	36	20	24	16	24	20	24	20
B	12		8	12	24	24	24	30～34	16
C	20	16	16	16	16	16	16	16	16
D	4	4	4	4	4			4	4
合计	60	56	48	56	60	64	60	74～78	56

注:1. 文学部在A类课程中,人文科学、社会科学各为12学分,教育学部则要求人文科学、社会科学、自然科学每类至少须修习8学分。

2. 外国语科目,均须选择两种外国语。

3. 全校共通科目所占比重甚高(接近二分之一),但在课程之整体架构上,较缺乏统整性。

4. 开设之课程科目极为多样化,尊重学生选课的自主性,甚至在不同年级选课都有很大的弹性,对于优秀学生可提供最有利学习环境、自我规划,但对于较为消极被动的学生,则显然非常不利。

5. 共通科目与专业科目完全融合在一起,对于专业教育的一贯性,有其正面意义。但能否达到提高"一般教育"(通识教育)的水准,则有待评估。

4. 检讨

该校为一极具传统学校,历年来有五位诺贝尔奖得主出自该校,校风自由开放,课程规划情形亦在此原则下推动。

(五)关西大学

1. 教养课程之实施

学生入学后归属各学部(院),由各学部(院)提供专业课程及教养课程。教养课程之师资则由各专业学部之教师担任。人文科学由文、法学部教师担任,社会科学由经济、社会、商学部教师担任,自然科学由工学部教师担任。

2. 教养课程之规划

该校未设"教养学部",但有一委员会负责规划全校之教养课程,委员会由各学部部长及教师代表共12人组成,委员会主任之层级视同学部部长。

3. 教养课程之学分与内容

过去学生在学须修一般教育课程34学分(UNIT),外语12学分,体育4学分,故一、二年级绝大部分以修习教养课程为主。近来教养课程之学分数有降低趋势,故在课程规划上,对一、二年级学生增加专业性课程,三、四年级学生则提供部分统合性之教养课程。

4. 各学部毕业学分之规定

学部名称	教养课程							体育	专业课程	最低毕业总学分数
	一般教育科目					外语				
	人文	社会	自然	总合	全部	第一外语	第二外语			
法	4	4	4		24	8	8	4	96	140
文	4	4	4	4	36	8	8	4	68	124
经济	4	4	4	4	28	8	8	4	84	132
商	8	8	8	4	28	8	8	4	92	140
社会	4	4	4	4	36	8	8	4	84	140
工	4	4	12		24	8	6	4	98	140

注:1. 一般教育科目,外语及专业课程均开设许多科目,供学生选择。
   2. 一般教育科目中之"总合科目"系采协同教学方式实施(Team Teaching)。
   3. 工学部人文科学与社会科学合计最少须修12学分。

5. 各学部所开设之一般教育科目

（1）人文科学之科目：哲学、伦理学、论理学（理则）、艺术、历史、人文地理、人类学、文学、心理学。

（注：工学部将心理学归属人文科学，其他学部则否，经济学部、商学部无"艺术"、"人类学"科目。）

（2）社会科学之科目：经济学、统计学、商学、社会学、社会思想史、部落解放论、法学、日本宪法、政治学。

（注：法学部、社会学部将"法学"、"日本宪法"、"政治学"列为专业课程，经济学部之"经济学"、商学部的"商学"、工学部的"统计学"亦然。）

（3）自然科学之科目：数学、物理、化学、生物学、地学、心理学、自然科学史、情报处理论。

（注：工学部无"自然科学史"）

6. 检讨

（1）非常重视外语之教学。

（2）一般教育课程仍以统合性之科目来实施，以提供学生通识的基础。

（3）以委员会的组织来规划教养课程，可收沟通整合之效。

（4）教养课程含外语及体育所占学分数，最低42学分（工学部），最高56学分（文、社会学部），占毕业学分的30%及45%，比重甚高。

（六）九州大学

1. 教养课程之实施

学生入学虽即分属不同之学部、学科，但一、二年级大多集中在原教养部之校区，接受教养课程。三、四年级则在不同学部接受专业课程，同时提供高年级的教养科目。

2. 教养课程之规划

该校于1994年4月起将原教养部撤销，教师分别归属到比较文学研究所、数理研究所及各学部之研究科中，并成立"大学教育研究中心"负责规划全校之教养课程。中心之下设教育研究中心委员会、共通教育实施委员会、共通教育自我评鉴委员会，由各学部相关教师代表组成，委员会之下再按教养科目之类别分设相关会议。

3. 通识教育之架构

（1）教养教育科目：包括核心教养科目、周边教养科目、高年次教养科目。

（2）言语文化科目：包括英、德、法、中、俄、朝鲜、西班牙七种语言，至少选择二种。

（3）体育。

（4）基础科学教育科目。

4. 毕业学分数之要求

各学部毕业分数之要求平均约为130学分，较原来之规定约150，减少约20学分。

5. 共通课程之内涵

（1）核心教养科目：为全校所共同必修，包括"历史与异文化理解"、"人间与文化"、"现代社会之构造"、"地球之生命"、"数理之情报"、"物质之世界"等六科目，其中前三科目，又按学部之差异，讲授内涵区分为A、B两种课程。共通教育科目为42～60学分，约占应修学分的30%～50%。

（2）周边教养科目：进入较专业之领域，其内容包括课程讲授，小班（20人以内）之研讨，以及总和之科目。

（3）高年次教养科目：在三、四年级修习，在专业领域中建立通识的概念、对社会之责任感及更广阔的社会观。

（5）基础科学教育科目：包括数学、物理、化学、生物、地球科学、图学、资讯等领域，开设基础课程，要求相关学科之学生修习。

学部	共通教育科目			言语文化科目	体育	基础科学教育科目	专攻科目	最低毕业学分数
	教养教育科目							
	核心	周边	高年次					
文	12	6	6	14	4		90	132
教育	14	4						
法	10	4	10				90	132
经济	8	4	6～8			4～8	92	134～136
理	8	4	6～11	11	4	23	66～72	124～128
药	8	4	4			25	77.5	133.5

(续表)

学部	共通教育科目			言语文化科目	体育	基础科学教育科目	专攻科目	最低毕业学分数
	教养教育科目							
	核心	周边	高年次					
工	8	4	2	13	4	18~26	79~87	132~136
农	8	4	10	11	4	19	80	136
医齿	8	4	10	10	4	26	128	188

6. 检讨

（1）该校对于教养课程之改进方案，有相当清楚的教育理念，课程改进架构清晰完整，是本次所见之七所学校中最为特出者。唯访问当时，此一改进方案甫实施三个月，成效如何，值得进一步再深入追踪了解。

（2）改进案的重要精神，即是打破专业教育与一般教育的区隔，同时透过课程的整合，使过去各学部门户区隔的组织架构瓦解，重新调整，进取心极为强烈。如能达成，将使大学的组织架构及教育内涵进入新的阶段，但可预期各学部的阻力必然甚大。日本文部省对此新的尝试，寄予厚望，特配合该校迁校的有利时机，给予更多的支持。台湾目前有新的学校在筹设中，此应是可参考的模式。

（3）核心教养课程完全采用科际整合的课程规划，相当符合通识的理念，再逐步推及专业领域的通识，并使教养课程与专业课程有更理想的联结。

（4）将外语教学科目扩大为"言语文化科目"，并有专责单位负责规划推动，冀使语言的学习与相关文化的了解加以结合，立意甚佳。但是否损及语言实务能力的培养，则有待再观察。

（七）西南学院大学

1. 教养课程之实施

学生入学后即归属各学部、学科，由各学部施以教养课程及专业课程，其中教养课程由各学部提供可开设之课程，供其他学部选择采用。

2. 教养课程之规划

由各学部代表组成之委员会共同决定,但各学部拥有极大自主性,可决定本身学部的教养课程,唯一例外者,即"基督教主义"是全校共同必修科目。

3. 毕业学分之规定及课程架构

各学部毕业学分之要求通常是140学分,其中分为:

(1) 专攻科目:与学专长直接有关之专业科目。

(2) 关联科目:与学专长间接有关之专业科目。

(3) 共通科目(即过去之教养课程):其中全校较为一致的是"基督教主义",4学分,为必修;外国语文,包括第一外语和第二外语,各系要求不同,第一外语通域,各领域至少修4学分,合计至少14—28学分,各科之间有所差异。

4. 检讨

(1) 该校强调提供学生更充分且多元之选择机会,故对所有教师开设之课程内容、上课方式、考试方式均编印资料于开学前让所有学生了解,作为选课之参考,有其可取之处。

(2) 就课程之规划上,教养课程所占比重甚低,而且教养课程完全由各学部自行规划,无法看出其整体之系统性及教育的基本理念,对于一个教会学校而言,似乎有其缺憾。

六、各大学简况

(一) 东京大学(国立)

组织:设有法、医、工、文、理、农、经济、药、教育、教养等十学部(院)。

教职员:教师及职员人数各约4000人。

学生:共约24000人,其中研究生约8000人。

图书:日汉文书约359万册,西文书约322万册,合计约681万册。

附设医院:分设23科,总院病床数866床,两个分院各有病床数245床、135床。

决算数(1988):

1. 收入:369亿圆,其中医院收入178亿,学费及考试收入93亿,其他收入约97亿。

2. 支出:1392亿,其中医院支出272亿,教学支出859亿,科学振兴支出107亿,设施整备支出154亿。

收入占支出的26%,学杂费收入占教学支出的11%,研究经费共107.3亿,其中政府奖助92.7亿,与民间共同研究4.2亿,受委托研究10.4亿。

大学部毕业生出路:继续升学的占40%,其中理、农、药等学院较高,为70%～90%,经济、法、医最低,均在10%以下,直接就业者约占50%,其中法、经济学院较高,约75%～85%,理、药学院最低,均在10%以下。

(二)御茶水女子大学(国立)

组织:设有三个学部及大学院。

1. 文教育学部(院):分设哲学、史学、地理学、国文、外国文学、教育、舞蹈教育等七科(系)。

2. 理学部:分设数学、物理、化学、生物、情报(资讯)科学等五科(系)。

3. 生活科学学部:原为家政学部,其下分设生活环境及人间生活二科(系)。

4. 大学院:硕士班:理工、家政学、人文科学等三所研究所。

　　　　　博士班:人间文化研究所。

教职员:

1. 教师数共215人,其中教授91人,助教授69人,讲师15人,助手40人,职员109人。

2. 学生人数:大学部2259人,硕士432人,博士182人,共2873人。

决算:

收入约13.6亿圆,其中学杂费及入学考试收入12.6亿,杂项收入约1亿。

支出约52.8亿圆,其中人事费约24.8亿,其他支出约18亿。

收入约占支出的26%。

(三) 日本大学(私立)

组织:

1. 大学部共有 14 个学部(院),分设 77 个学科(学系)。另第二部(夜间部),有两个学部四个学科。此外尚有通信教育及短期大学之课程。

2. 研究所(大学院),共设有 14 个科(所),硕士课程分设 62 项专攻课程,博士班则有 58 个专攻课程。

教职员:

1. 教师人数共 2769 人,职员 1942 人,共计 4711 人。另通信教育专属教师有 13 人,职员 52 人。

2. 学生人数:大学日间部学生 63911 人,第二部学生 3621 人,硕士生 1824 人,博士生 434 人,合计 69790 人。另有通信教育学生 16468 人。

预算:全年预算数约 2230 亿圆。其中文部省补助经费约 101 亿圆。

学杂费:

1. 新生入学捐献金:医科最高为 1000 万圆;文法商科最低约 88 万圆。

2. 每年之学费及设施捐献金:医科学生约 400 万圆;文法商科约 70 万圆。

入学考试收入:报名费每人 35000 圆,报名人数约 26 万人,合计收入达 91 亿圆。

图书:共约 478 万册。

(四) 京都大学(国立)

组织:设有十个学部,包括文、理、法、医、工、农、药、经济、教育、综合人间等学部,大学院亦有相对的十个研究科(所)。

教职员:

1. 教师人数共有 2725 人,其中教授 783 人,副教授 712 人,讲师 166 人,助手 1064 人(助手比例颇高)。职员则有 2718 人。

2. 学生人数:大学部 13344 人,硕士生 2808 人,博士生 1962 人,合计共 18114 人。

图书：日汉文约 265 万册，西文万约 249 万册，共约 514 万册。

（五）关西大学（私立）

组织：设有法、文、工、商、经济、社会等六个学部。

教职员：

1. 教师人数共有 543 人，其中教授 360 人，副教授 109 人，讲师 45 人，助手 29 人。职员则有 445 人。

2. 学生人数：大学日间部 26015 人，大学第二部 1769 人，研究生 877 人，合计共 28661 人。

图书：约 160 万册。

学生收费：

1. 新生入学捐献金 26 万圆。

2. 学费：文法科每年约 80 万圆，工科约 110 万圆。

预算：

收入约 340 亿圆，其中学费收入约 231 亿，入学考试收入约 30 亿，文部省补助约 27 亿，其他收入 52 亿。

支出约 356 亿，其中人事费支出 165 亿，教学研究支出 63 亿，管理支出 16 亿，校舍及设备支出 37 亿，其他支出 75 亿。

文部省补助约占总收入的 8%，占学费收入的 12%。

（六）九州大学（国立）

组织：设有文、法、经济、教育、理、工、农、医、齿、药等十个学部，大学院亦相对设有十个研究科（所），除医、齿二科只设博士课程外，其他八科均同时有硕、博士课程。

教职员：

1. 教师人数共有 2166 人，其中教授 577 人，副教授 520 人，讲师 118 人，助手 950 人。职员则有 2353 人。

2. 学生人数：大学部学生 11177 人，硕士生 2219 人，博士生 1100 人，共 14496 人，另有医疗技术短大 486 人。

图书：日汉文书约 165 万册，西文书约 135 万册，共约 300 万册。

附设医院：医学部附设医院病数 1312 床，齿学部附设医院 40 床。

决算：

1. 岁入约 270 亿圆，其中学费及考试收入约 60 亿，附设医院收入 180 亿，其他收入 30 亿。

2. 岁出约 661 亿，其中教学支出约 399 亿，附设医院支出 218 亿，设施设备支出 40 亿，其他支出 4 亿。

扣除附设医院，收入约占支出的 20%，学费及考试收入约占支出的 14%。

研究经费共约 28 亿圆，其中政府补助约占 76%。

（七）西南学院大学（私立、教会学校）

组织：设有神学、文学、经济学、商学、法学五个学部及法、经济、文三个研究所。

教职员：

1. 专任教师人数 183 人，职员 162 人。

2. 学生数：大学部 7125 人，研究生 65 人，合计 7190 人。

图书：日汉文书约 39 万册，西文书约 26 万册，合计约 65 万册。

学费：每生每年学费及设施费须缴纳 70 万圆至 80 万圆。

七、对台湾推动大学通识教育之建议

这次访问日本七所大学，观察各校通识教育之实施状况后，对台湾的大学通识教育之实施，有几点建议性的看法：

（一）台湾推动大学通识教育宜拟定一套至少以五年为期之中程专案计划，逐步实施，始能克尽全功。

日本各大学自 1993 年起所推动的"四年一贯制"的大学通识教育，实有其长远的教育改革之背景。1982年6月,日本中曾根首相指示要把教育改革视为内政最重要课题,开始进行有关文化与教育之恳谈会,接着在12月,又指示"教育改革之七项建议";1984年1月,指示"临教审"之设置方针;3月,文化与教育恳谈会向首相建言,国会提出"临教审"设置法案;8月,"临教审"设置法案成立;9月,"临教审"成立,开始审议全国教育问题,设置四个部门会议,分别就四个主题进行讨论;到了1984年12月,发布"审议经过概要之一";1985年4月,发表"审议经过概要之二",为了加强意见的交流,并且发行《"临教审"消息》(《"临教审"》),以集思广益。经过"临教审"长期的研究,到去年,文部省的"大学审议委员会"才正式开始在各大学推动通识教育的改革。台湾如拟落实大学通识教育之实施,似亦应有较为长期之规划。

(二)针对过去数十年来,台湾高等教育过程"一元化"之现象,台湾推动大学通识教育宜采取"异中有同,同中纳异"之原则,给予各校充分发挥各校特色之空间。

此次在日本各大学访问,印象最深刻者厥为日本各大学对文部省政策之敬重,但在敬谨接受之余,各大学又能兼顾发挥各校之特色。此种"融一于多"以及"纳多于一"的政策推动特质,颇值台湾参考借鉴。

(三)教育当局似可建议各大学,为有效推动通识教育课程之教学,应尽量衡酌各校之特殊状况,设立"通识教育中心"或"通识教学部",并规划具学校特色之"核心课程"。

此次在日本所访问之七所大学,其通识教育课程有不同之特色,但是各校均开设"核心课程"。此项措施有助于学生在诸多课程中知所优先选择。此项措施颇值台湾参考。

(四)为因应台湾朝向国际化发展之趋势,建议教育当局研究"所有大学学生必须选修两科外国语文"之可行性。如属可行,请早日付诸实施。

此次访问之日本多数大学,自1993年入学之大学生,均统一规定必须选修两种外国语文,始能毕业。本考察团同仁一致认为日本此项新规定,颇具前瞻性,值得台湾加以慎重考虑。

(五)为进一步因应"教育自由化"的来临,现行"大学必修科目表"应考虑加以摒除,以拓展各大学推动通识教育之空间。

此次访日所见,一般日本之大学均无所谓"部定共同必修科目"之规定,故日本之高等教育一般而言颇为活泼。为进一步落实通识教育之理想,台湾应删除"部定共同必修科目"。

(六)为有效推动通识教育,教育当局宜建议各大学尽可能促进通识课程教师与专业系所教师之学术交流,以减低学院中心主义心态,并减少行政上之阻力。

日本许多大学之通识教育部门(如东京大学教养学部),聘任教师标准甚严,必须该教师之专业研究有一定水准,始加以延揽,故通识教师多半亦在专业系所合聘或兼授课程。台湾各大学现有之"共同科"之状况有待提升,如能朝此方向努力,则更可落实通识教育之理念。

八、结　语

这次访问日本各大学虽有相当成果,但所见仍属有限,诸如文部省与大学之运作关系,学校内部学术与行政运作之分际,课程改进之成效,乃至日本"临教审"对大学教育之实际影响层面等问题,均难深入了解。另一方面,就所访视七所学校是否足以代表日本各大学之现况,也有待再探究。尤其所访视之三所私立学校偏重就业导向者,与类如明治大学、庆应大学等学术地位颇受肯定之学校间是否有所区别,均值得再深究。

总之,日本大学教育发展所历经之过程与面临之问题,与台湾之状况颇可互相比较,在台湾的大学教育正面临转型之际,相当值得对此作深入之研究。(本文曾刊于《通识教育季刊》第 1 卷 4 期,新竹与台北:台湾清华大学与台湾通识教育学会,1996)

(李亦园　黄俊杰　许荣富　陈德华　李佩琳)

附录三 儒家传统中"教育"的含义及其现代启示

一、引　言

中华文化源远流长,在数千年的历史进程之中,虽历经专制肆虐,人祸荼毒,但终能绵延发展,百折不挠,充满强韧的生命力。中华文化强韧的生命力,渊源不一,有其上层及下层结构之基础①,在历史演进中虽有其时代及地域的差异②,但少见全盘性之革命。③ 在造就中华文化的这项特质的诸多因素之中,教育传统的绵延不绝,是一项极具关键性的因素,其中尤以儒家贡献最大。

儒家对传统文化充满敬意,敦厚以崇礼,温故而知新,他们守先以待后,通过教育而接引后学,他们经由教育活动而解释世界,也以教育作为改变世界的手段。在悠久的儒家传统中,教育最居首出之地位。但是,儒家

---

① 关于中国历史特质的讨论,参考:钱穆:《国史大纲》,《引论》,收入:《钱宾四先生全集》27 册,台北:联经出版公司 1998 年版;姚从吾:《国史扩大绵延的一个看法》,收入:《大陆杂志史学丛书》第 1 辑第 1 册,第 12—14 页;余英时:《关于中国历史特质的一些看法》,收入:氏著:《历史与思想》,台北:联经出版公司 1976 年版,第 71—284 页;James T. C. Liu(刘子健) "Integrative Factors through Chinese History: Their Interaction",收入:James T. C. Liu and Wei-ming Tu(杜维明) eds., *Traditional China* (Englewood Cliffs: Prentice-Hall, Inc, 1970), pp.10—23。

② 谭其骧:《中国文化的时代差异与地区差异》,收入:《中国传统文化的再检讨(上篇)》,台北:谷风出版社 1987 年版,第 27—55 页。

③ 参考:S. N. Eisenstadt, *The Political Systems of the Empires: The Rise and Fall of the Historical Bureaucratic Societies* (New York: The Free Press, 1963, 1969), pp.221—256。

传统中"教育"的含义是什么呢？我们在本文第二节首先探讨儒家传统的"教育"具有三项含义:(1)教育作为"主体性的觉醒",(2)教育作为"典范的学习",(3)教育作为"社会政治改革的事业"。接着,本文第三节再扣紧现代教育的两大弊病:(1)因知识商品化而使学校日趋"异化"(alienation),(2)师生关系之走向契约化,分析现代教育的重大弊端,都直接或间接与工业化及资本主义化的文化发展趋势有关。最后,我们展望21世纪的新发展,申论儒家传统中"教育"的意涵及其现代启示,呼吁从传统中华文化中的"教育"理念及其经验中,开发其21世纪的新启示。

二、儒家传统中"教育"的含义

从儒家教育思想与教学经验来看,儒家传统中所谓的"教育",大约可以区分为三个内涵:教育是一种"主体性的唤醒",这是从受教育者的立场而提出的;教育是一种"典范学习的过程",这是从学习者与学习对象之互动而说的;教育是一种"社会政治改革的事业",这是从教育所发挥的作用而说的。我们依序分析儒家教育的这三种含义。

(一)教育是唤醒主体性的事业

在儒家传统之中,"教育"的第一项含义就是:"教育"是一种"唤醒主体性"的过程,"教育"也以"唤醒主体性"为其目的。儒家所认知的这项"教育"的含义,在《论语·学而》第一章"子曰:'学而时习之,不亦说乎?'"这句话中"学"字的解释之中,可以具体而微地显示出来。

孔子(前551—前479)是中国教育史上最伟大的教师,透过教育过程将"小人"转化为"君子",并鼓励有德无位之君子出仕而成为德位兼备之君子,诚如萧公权(迹园,1897—1981)所说:"就孔子之行事论,其最大之成就为根据旧闻,树立一士君子仕进致用之学术,复以此学术授之平民,而培养一以知识德能为主之新统治阶级。"[①]孔子以教育荡平封建社会的阶级藩

---

① 萧公权师:《中国政治思想史》(上),台北:联经出版事业公司1982、1983年版,第56页。

篙,《论语·学而》第一章孔子说:"学而时习之,不亦说乎?"这句话,可以透显孔门教育的风范。孔子回顾自己的学思历程,自述"吾十有五,而志于学"(《论语·为政》),又说"十室之邑必有忠信如丘者焉,不如丘之好学也"(《论语·公冶长》),但是,孔子所谓的"学"并不是指书本的知识,而是指进德修业。《论语·雍也》记载:"哀公问弟子孰为好学。孔子对曰:有颜回者好学,不迁怒,不贰过,不幸短命死矣,今也则亡。未闻好学者也。"这段话很能印证:孔子心目中的"学"是指诸如"不迁怒,不贰过"之类的德行修持而言。

从孔子以降,儒家传统中所谓"学"就是指受教育者主体性的唤醒。《论语·学而》"学而时习之"一语中的"学"字,从汉代以降一直是解为"觉",《说文》:"学,觉悟也。从教,从冂。冂尚矇也。臼声。学,篆文'斆'省。"①《白虎通·辟雍》:"学之为言,觉也,已觉悟所未知也。"②梁代皇侃(488—545)疏解这句话,也引《白虎通》的说法:"《白虎通》云:学,觉也、悟也,言用先王之道导人情性,使自觉悟,而去非取是,积成君子之德也。"③

到了南宋朱子(晦庵,1130—1200)撰《论语集注》,才提出新的诠释,朱子说:"学之为言,效也。人性皆善,而觉有先后,后觉者必效先觉之所为,乃可以明善而复其初也。习,鸟数飞也。学之不已,如鸟数飞也。"④朱子将"学而时习之"的"学"字解为"效"而不解为"觉",引起后人很强烈的批评。明代大儒王阳明(1472—1529)《传习录》就有一段对话对论朱子的解释:⑤

> 子仁问:"'学而时习之,不亦说乎?'先儒以学为效先觉之所为。如何?"先生曰:"学是学去人欲,存天理。从事于去人欲存天理,则自正诸先觉,考诸古训。自下许多问辨思索存省克治功夫。然不过欲去此心之人欲,存吾心之天理耳。若曰效先觉之所为,则只说得学中一件事。事亦似专求诸外了。'时习'者,'坐如尸',非专习坐也。坐时习此心也。'立如斋',非专习立也。立时习此心也。'说'是'理义之说我心'之'说'。人心本自说理义。如目本说色,耳本说声。唯为人

---

① 段玉裁:《说文解字注》,台北:艺文印书馆1963年版,第128页。
② 陈立:《白虎通疏证等二种》,台北:鼎文书局1973年版,第85页。
③ 《十三经注疏》(下),台北:文化图书公司1970年版,第2457页。
④ 朱熹:《论语集注》,收入:《四书章句集注》,北京:中华书局1982年版,第47页。
⑤ 陈荣捷:《王阳明传习录详注集评》,台北:台湾学生书局1983年版,第132页,《薛侃录》,第111条。

欲所蔽所累,始有不说。今人欲日去,则理义日洽浃。安得不说?"

王阳明批评朱子将"学"解释为"效",求之于外,违反"学"之作为"主体性觉醒"之原意。清儒毛奇龄(大可,1623—1716)更是痛批朱注说:①

> 学有虚字,有实字。如学礼、学诗、学射、御,此虚字也。若志于学、可与共学、念终始典于学,则实字矣。此开卷一学字,自实有所指而言。乃注作"效"字,则训实作虚,既失诂字之法,且效是何物,可以时习?又且从来字学并无此训,即有时通"效"作"效",亦是虚字。善可效,恶亦可效。《左传》"尤人而效之",万一效人尤,而亦习之乎?错矣!学者,道术之总名。贾谊《新书》引逸《礼》云:"小学业小道,大学业大道。"已学道言,则大学之道,格致诚正修齐治平是也。以学术言,则学正崇四术,凡春秋《礼》、《乐》、冬夏《诗》、《书》皆是也。此则学也。

毛奇龄以"学"为实字,指"道术之总名",这种批评可能对朱子而言未尽公平。朱子在《答张敬夫》函中,提出进一步的说法:②

> 学而,说此篇名也。取篇首两字为别,初无意义。但学之为义,则读此书不可以不先讲也。夫学之者,以字义言之,则己之未知未能而效夫知之能之之谓也。以事礼言之,则凡未至而求至者,皆谓之学。虽稼圃射御之微,亦曰学,配其事而名之也。而此独专之,则所谓学者,果何学也?盖始乎为士者,所以学而至乎圣人之事。伊川先生所谓"儒者之学"是也。盖伊川先生之言曰:"今之学者有三:辞章之学也,训诂之学也,儒者之学也,欲信道,则舍儒者之学不可。尹侍讲所谓'学者,所以学为人也'。学而至于圣人,亦不过尽为人之道而已。"此皆切要之言也。夫子之所志,颜子之所学,子思孟子之所传,皆学也。其精纯尽在此书,而此篇所明又学之本,故学者不可以不尽心焉。

朱子所谓"学",指"所以学为人",是指"至于圣人之事"。这种意义下的"学",绝对不只是外在的而作为"道术之总名"的"学",而是与学者的心灵

---

① 毛奇龄:《四书改错》,收入:《续修四库全书》,台北:四库全书编纂处1965年版,第165册,第170页。
② 陈俊民校编:《朱子文集》,台北:富德文教基金会2000年版,第三册,第1252—1253页。

之觉醒不可分的内圣之学。朱子在答学生之问时说：①

> 今且理会个'学'，是学个甚底，然后理会'习'字、'时'字。盖人只有个心，天下之理皆聚于此，此是主张自家一身者。若心不在，那里得理来！唯学之久，则心与理一，而周流泛应，无不曲当矣。且说为学有多少事，孟子只说'学问之道，求其放心而已矣'。盖为学之事虽多有头项，而为学之道，则只在求放心而已。心若不在，更有甚事！

从这一般答语看来，朱子虽然以"效"解"学"字，但是，他强调"学"必须以"心与理"，就触及学者的"心"之觉醒问题了。

（二）教育是指典范的学习

儒家传统中"教育"的第二项含义就是：教育就是指受教育者经由学习典范而自我提升。这种"典范"最具体而直接的就是师长。先秦儒家孔、孟、荀都强调师长在教育过程中所发挥的典范的作用。孔子说："其身正，不令而行。其身不正，虽令不从"（《论语·子路》），他很重视老师在教育过程中的角色。孟子（前371—前289？）也主张所谓教育就是一种典范的学习的过程：

（1）公孙丑曰："君子之不教子，何也？"孟子曰："势不行也。教者必以正，以正不行，继之以怒；继之以怒，则反夷矣。夫子教我以正，夫子未出于正也，则是父子相夷也；父子相夷则恶矣。古者易子而教之。"（《孟子·离娄上》）

（2）孟子曰："身不行道，不行于妻子。使人不以道，不能行于妻子。"（《孟子·尽心下》）

孟子认为，施教者必须先践行正道，树立楷模，如不能建立典型，则虽亲如自己的家人，亦无法施教。

荀子（约前298—前238）认为亲近师友是最好的求学方法。荀子说：

（1）学莫便乎近其人，《礼》、《乐》法而不说，《诗》、《书》故而不

---

① 黎靖德编：《朱子语类》，北京：中华书局1986年版，卷20，《论语二》，第446—447页。

切,《春秋》约而不速,方其人之习君子之说,则尊以遍矣,周于世矣。故曰,学莫便乎近其人。(《荀子·劝学》)

(2) 夫人虽有性质美而心辩知,必将求贤师而事之,择良友而友之。得贤师而事之,则所闻者尧舜禹汤之道也。得良友而友之,则所见者忠信敬让之行也。身日进于仁义而不自知也者,靡使然也。(《荀子·性恶》)

荀子认为:相对于《诗》、《书》、《春秋》等典籍而言,师长之教诲方便而直接,而且影响深远,所以他对教育过程中师长的角色极端重视,他说:"礼者所以正身也,师者所以正礼也,无礼何以正身?无师吾安知礼之为是也?"(《荀子·修身》)正是强调师长的重要。

师长之所以可以作为学者学习之典范,乃是因为师长深知教学之兴与废,《礼记·学记》说:"大学之法:禁于未发之未豫,当其可之谓时,不陵节而施之谓孙,相观而善之谓摩。此四者,教之所由兴也。发然后禁,则扞格而不胜;时过然后学,则勤苦而难成;杂施而不孙,则坏乱而不修;独学而无友,则孤陋而寡闻;燕朋逆其师;燕辟废其学。此六者,教之所由废也。君子既知教之所由兴,又知教之所由废,然后可以为人师。……君子知至学之难易,而知其美恶,然后能博喻,能博喻然后能为师。"老师既知学之难易美恶,又能博喻,所以,老师可以作为学生的典范。

在儒家传统中,老师既是学生学习的典范,所以,尊师是儒家教育的重要传统。《礼记·学记》早就有"师严然后道尊,道尊然后敬学"的说法。《白虎通·辟雍》也有"尊师重先王之道"[1]之说。西汉扬雄(前53—18)说:"务学不如求师。师者,人之模范。"[2]在儒家传统中,老师是典范,教育就是一种典范学习的过程[3],这种教育观到了唐代韩愈的《师说》,有力地宣称"道之所存,师之所存也"[4],更是将求师与求道加以统一。

---

[1] 陈立:《白虎通疏证等二种》,台北:鼎文书局1973年版,第85页。
[2] 江荣宝:《法言义疏》,北京:中华书局1987年版,学行卷第1,第18页。
[3] 《荀子·致士》说:"师术有四,而博习不与焉。尊严而惮,可以为师;耆艾而信,可以为师;诵说而不陵不犯,可以为师;知微而论,可以为师。故师术有四,而博习不与焉。"
[4] 韩愈:《朱文公校昌黎先生集》(四部丛刊初编缩本),卷12,《师说》,第101—102页。

(三)教育是社会政治改革的事业

在儒家传统中,教育不仅是为了求取知识而已,教育更是为了社会政治的改革。孔子栖栖遑遑,席不暇暖,游说各国,有心于以其学说兼善天下,但屡遭挫败之后,退而著述讲学,设帐授徒。孔门教学的目的不仅为了解释这个世界,更是为了改变这个世界。孔子门徒三千,绝大多数皆以致仕为其目的,孔子曾概乎言之:"三年学,不至于谷,不易得也。"(《论语·泰伯》)孔子自己亦颇思以其学易天下,出疆必载质,对自己之政治才干满怀信心:"苟有用我者,期月而已,三年有成。"(《论语·子路》)孔子充满用世之热忱:"沽之哉!沽之哉!吾待贾者也。"(《论语·子罕》)他认为为学的目的即在于积极之用世:"吾岂匏瓜也哉!焉能系而不食。"(《论语·阳货》)孔子教导学生亦持积极入世之态度,希望透过教育而化导学生成为命世之贤才。孔子说:"行己有耻,使于四方,不辱君命,可谓士矣。"(《论语·子路》)孔子心目中的"士",正是勇于承担的所谓"有机的知识分子"。

从孔子以降,儒家都将教育视为社会政治改革的事业,朱子在他所写的《大学章句序》中,也区分"大学"与"小学"的不同,并明白指出"大学"所学在于修己治人之道。朱子说:①

> 三代之隆,其法寖备,然后王宫、国都以及闾巷,莫不有学。人生八岁,则自王公以下,至于庶人之子弟,皆入小学,而教之以洒扫、应对、进退之节,礼乐、射御、书数之文;及其十有五年,则自天子之元子、众子,以至于公、卿、大夫、元士之适子,与凡民之俊秀,皆入大学,而教之以穷理、正心、修己、治人之道。此又学校之教;大小之节所以分也。

朱子在《大学或问》中,又详细发挥"大学"与"小学"的区别在于:"大学"在于"开发聪明,进德修业,而致夫明德新民之功"②,但这一切都必须以"谨夫洒扫应对之节"的"小学"功夫作为基础。

在东亚儒学史上,将儒家"教育作为社会政治改革事业"这项含义,发

---

① 朱熹:《大学章句》,收入:《四书章句集注》,第1页。
② 朱熹:《大学或问》,京都:中文出版社影印和刻近世汉籍丛刊本,第1页下半页—2页上半页。

挥得淋漓尽致的应推德川时代(1600—1868)日本古文辞学派大师荻生徂徕(1666—1728)。荻生徂徕将《论语·学而》第一章"学而时习之"的"学"字,解释为"学先王之道"。荻生徂徕说：①

> 单言学者,学先王之道也。学先王之道,自有先王之教,传《礼记·王制》曰：乐正崇四术,立四教。顺先王诗书礼乐以造士。是也,习者,肄其业也。时习之,王肃曰：以时颂习之。传《礼记·文王世子》曰：春颂夏弦,秋学礼,冬读书,其习之亦如之,以身处先王之教也。说者,心深受而有所爱慕也。盖先王之道,善美所会萃,天下莫尚焉。而其教法,顺阴阳之宜以将息之,假以岁月而长养之,学者优游于其中,久兴之化,德日以进,辟诸时雨之化,大者小生,岂非可悦之事乎？

荻生徂徕反对朱子将"学"字解为"效",他主张所谓"学"就是学习先王平治天下之道。

综合本节所说,儒家传统中所谓的"教育",既指学习者主体性的觉醒,又指对典型的仿效学习,又是社会政治改革的行动。从上述儒家"教育"的含义中,我们可以说,在儒家教育传统中个人与社群互为主体,不可分割,而且透过教育而密切互动。在这种教育传统里,"个体性"与"社会性"是统一的。

三、现代教育的弊病及其形成的原因

现在,我们可以进而探讨现代教育的几个重大问题及其形成的原因。从宏观的历史视野来看,现代教育问题甚多,其中较为引人注目的至少有以下几个现象：

(一) 学校的自我异化

从传统到现代,教育部门经历了巨大的变化,其中最为根本而关键的

---

① 荻生徂徕：《论语征》,收入：关仪一郎编：《日本名家四书注释全书》卷1,东京：凤出版1973年版,第4—5页。

就是,作为教育的建制化机构的学校发生了"自我异化"的现象。所谓"自我异化",是指学校通过教育的活动及其过程,而疏离于或对立于学校设立之原始目的。由于现代学校常不能免于"自我异化",所以,现代学校常常沦为教育以外其他的社会、政治、经济部门的附庸,成为完成教育以外其他部门的目的之工具。

现代社会中各级学校"自我异化"的现象,以大学表现得最为深刻而明显。我曾在另一篇论文中归纳现代大学的"自我异化",可区分为三种类型:①(1)现代大学常"自我异化"而成为资本主义社会中知识的百货公司。在资本主义生产与再生产的过程中,社会分工日趋细密,大学处于资本主义发展的潮流中,其性质逐渐从追求真理的知识殿堂,而被扭曲为知识的百货公司。举例言之,数年前台湾的殡葬业者曾经在报纸刊登巨幅广告对教育当局施压,要求教育当局指示大学设置殡葬学系,以提供该行业所急需的人才。这个例子可以说明,在资本主义高度分工的经济结构中,大学常常会受到经济部门的压力,而沦为知识的百货公司的角色,为资本主义社会中各行各业的需求,而生产各行业所需之劳动人力。(2)现代大学也常"自我异化"而成为国家意识形态的生产工厂。所谓"大学成为国家意识形态工厂",是指在近代世界教育史上左右各派的集权政府,常常透过各种机制要求大学为国家意识形态背书,并且生产国家意识形态的代言人。现代国家要求大学延续并生产国家意识形态,主要是通过由国家设立特定系所,或制定共同必修科目而实施。(3)现代大学也常"自我异化"而成为职业训练中心。大学所创造的知识常常可以发挥巨大的边际效益,其中最为显著的就是使大学的毕业生获得求职的基本能力,而在社会的分工体系中很快找到自我定位,加入生产与再生产的行列,尤其是大学中的各种热门科系的边际效用尤为明显,于是,流风所及,在许多家长以及大学生的心目中,大学教育就变成职前训练,而大学也就与职业训练中心毫无二致。许多大学的领导人常常也以毕业生高就业率而沾沾自喜,使大学沦为职训中心,这是大学的"异化"的第三种类型。

大学之所以不是知识百货公司、意识形态生产工厂或职业训练中心,乃是因为意识形态生产工厂或职业训练中心所提供的教育,着重于开发受

---

① 以下简述,取材自拙著:《大学通识教育探索:台湾经验与启示》,台北:台湾通识教育学会 2002 年版,第 49—53 页并加以精简。

教育者的某一种特定的面向或能力,以便提升受教育者的思想的或物质的生产能力。但是大学教育的本质则不是如此。意识形态生产工厂或职业训练中心的教育并不涉及受教育者主体性的觉醒之问题,但是大学教育的目的是在于唤醒受教育者的主体性,使他能够成为一个西方谚语所谓的"会思想的芦苇"。所以,当大学自我定位为职业中心以后,大学实际上已经从最重要的"唤醒主体性"这个教育功能中逸脱而自我"异化"。为了挽救大学自我"异化"之危机,以批判思考为中心的人文教育就显得特别重要。

(二) 师生关系之走向契约化

现代大学第二种突出的现象是:师生关系日益走向契约化。所谓"契约化"是指现代大学的师生关系已不像传统社会里学院中师生之类似"血缘关系"(familial relationship),师生在求道慕道的学习之旅中,发展出为共同的学术志业而生死以之的拟血缘关系。在汉代两次党锢之祸的政治风暴中,师门有难,赴汤蹈火、在所不辞的师友风义,具体体现传统学院中师生关系之特质。但是,迈入现代社会之后,大学规模扩大,教师以教学为谋生之职业,学生以求学为毕业后求职的手段,上课乌合而来,下课各作鸟兽散,师生关系之疏离乃事所必至。

在上述背景之下,现代大学的师生关系大多经由法律或法规制定一套权利与义务关系的规范。以台湾为例,"大学法"第十七条第二项,明定大学应建立学生申诉制度,以保障学生权益。"大法官"第三八二号解释,阐明学生之申诉范围;学生之"受教权"如受侵害,可以循校内申诉途径,如仍未得解决时,得依法提起诉愿及行政诉讼。而且,依据"大学法"所制定的各高等院校组织规范,对学生之权利事务以及师生之关系均有明确规定。例如,《台湾大学组织规程》第六章第63条规定:"本大学学生之权利与义务,应依大学法、大学法施行细则、本规程及依据本规程所订定的各级办法规范之",第68条规定:"本大学各级学生自治组织应依相关办法选举代表出席或列席校务会议、院、系、所务会议、教务会议、学生事务会议及其他与学生权益相关之会议。院、系、所务会议应于其组织规则中规定学生之出、列席权利"。这些条文都是在法律层面上明确规范学生与学校、学生与老师之权利与义务关系。传统中国书院教育中师弟情谊以及道德共勉的精神,如朱子(1130—1200)诗云:"珍重个中无限乐,诸郎莫苦羡腾骞"①,所形容的白鹿洞书院讲会之乐,在现代大学学园中如果不是渐趋式微,就是已经随风而逝了。

其实,现代大学中师生关系被纳入法律上的契约关系之中,正是世界各国大学普遍性的发展。② 以美国的大学为例,在大多数美国的大学校园中,学生与教师皆参与校务运作,若干大学中学生虽参与而不具投票权。举例言之,在一般公立大学所称之董事会(Board of Regents),麻省理工学院(Massachusetts Institute of Technology, MIT)则称之为 MIT Corporation,以治理校务。学生在这个组织中并无直接参与,有一些席位保留给最近的毕业学生,其能代表学生对一些问题的意见和看法。在 Corporation 之下有一委员会包括一些学生和教师,其职责在将一些影响学校某些部门的问题向 Corporation 报告。麻省理工学院并未设有教师评议会(Faculty Senate),教师在其辖权范围内作政策之决策,对其辖权范围外,则对行政当局作建议。学生自治团体中的某些特定代表在教师会议上有发言权,但无投票权。有许多教师的常设委员会皆包括一些学生成员,学生是教师会议上的重要建言者,可以在会议上提出问题。约翰·霍普金斯大学(Johns Hopkins University)是私立大学,董事会(Board of Trustees)管理校务,每年一位将毕业的四年级学生被推选担任四年任期的董事会成员。董事会一直保有四位年轻的董事,具有完全的投票权和其他权利。该校的学术委员会(Academic Council)则由人文、科学和工程学院之十二位教师组成。学术委员会、学院院长和副校长决定所有学术决策之权力。学生委员会(Student Council)选出的大学部学生,以参与课程委员会的方式参与教育政策的决策。约翰·霍普金斯大学的学生也以参与学院院长和全校性的顾问委员会的方式,而参与学校有关的决策。学生的建言来自学生委员会,经由执行委员会(Executive Board)和学生委员会指定人(Council appointees to committees)。每年秋季皆举行学生满意程度之调查,每一学期末皆办理学生对课程和教授之评鉴。此外,马里兰大学(University of Maryland at College Park)由17位成员组成之董事会(Board of Regents)所管理,由马里兰州州长所任命。

---

① 朱熹:《朱文公文集》(四部丛刊初编缩本)卷7,第133页下半页。
② 以下关于美国各大学状况之说明,参考:拙著《大学通识教育探索:台湾经验与启示》,第65—66页。

董事的成员之一为学生,享有和其他成员同样的权利和特权,包括对直接影响学生事物的投票权。马里兰大学学生评议(Student Senators)全程参与学校政策之发展,对任何政策立法皆有投票权。

从以上简介大学对学生参与校务之规范中,我们可以看出:现代大学已经不再像传统书院一样是一种道德的社区。相反,现代大学校园中的师生关系受一套"权利—义务"关系所规范,而成为一种契约关系。

现在,我们进一步思考:造成现代教育中学校的自我异化与师生关系的疏离之主要原因何在?现代大学中这两种现象的形成当然有其复杂的背景因素,诸如人口的激增、大学规模的扩大、现代社会中人际关系的疏离等都有直接间接的影响。但是,最具有关键性的,可能仍是随着工业化而来的知识的"商品化"的影响。

早在第二次世界大战刚结束的1947年,法兰克福学派霍克海默(Max Horkheimer,1895—1972)和阿多诺(Theodor W. Adorno,1903—1969)写《启蒙的辩证法》,分析启蒙文明具有自我摧毁性,并大力抨击启蒙文明所催化的工业文明中"数量化"、"标准化"与"商品化"的重大弊端。[1] 工业文明的这两大弊病,在现代大学教育中也以极为鲜明的方式显示出来。在现代大学里,随着所谓"知识经济"的发展,知识所能创造的附加价值或边际价值愈来愈高,知识也日趋商品化。流风所及,各大学之学术领域中,凡是与现实世界关系愈密切,其所创造之现实利益愈大的系所如医学、电机、电子、资讯、生物科技等学系,莫不因获得大量的资源而快速扩充,而基础学术如文、史、哲、数、理、化等学系,常因未能获足够资源的挹注,而日渐萎缩。学术失衡的结果使大学成为跛脚的教育机构,而且,大学的性质也发生了变化:大学从追求真理创造新知的殿堂,逐渐转化为现代资本主义社会中知识工业的工厂。

在以上所说的发展趋势中,大学校园内的知识渐趋商品化,大学之"自我异化"的程度就更为严重,大学校园中师生关系的疏离,也就日甚一日。现在大学的"自我异化"之所以难以完全避免,原因甚多,但以教育的主体性之失落最居关键。

---

[1] Max Horkheimer and Theodor W. Adorno, *Dialectics of Enlightenment* (New York: Continuum, 1982).

四、结论：儒家教育观的现代启示

从我们对现代大学教育的问题的分析之中，我们可以发现：现代大学教育中学校之"自我异化"以及师生关系之疏离等现象，主要仍是根植于教育的主体性之失落。我所谓教育的"主体性之失落"，指教育活动在现代工业文化与资本主义潮流的冲击之下，个人沦落为全球市场经济网络中参与生产劳动的螺丝钉。正如青年马克思（Karl Marx，1818—1883）所说："单独的个人随着他们的活动扩大为世界历史性的活动，愈来愈受到异己力量的支配〔……〕受到日益扩大的、归根到底表现为世界市场的力量的支配。"①在这种庞大的世界市场的支配之下，现代教育部门就沦落成为经济部门或政治部门的工具，而丧失其主体性。

正是从现代社会中教育的主体性之失落这个现象，我们看到了传统儒家教育观的现代启示。正如本文第二节所说明的，在传统儒家的教育理想及其教育实践中，教育并不只是一种知识传授的工作而已，教育是一种唤醒主体性的志业。儒家教育致力于通过典范的学习，而使沉睡中的主体性重新觉醒。在儒家教育传统中，个人主体性的觉醒本身并不是主要的目的，这种觉醒是为了整体社会的福祉，更是为了政治的革新。

再从更深一层来看，这种以唤醒主体性为本质及目的儒家教育，正是对治现代教育中学校"自我异化"与师生疏离的良药。儒家教育传统提示现代人：教育的过程与目标都在于人本身，而不是人以外的事物。教育当然可以创造诸多边际效益，例如富国强兵、经济发展或生产意识形态，但是这些都是第二义的附带价值。教育的真正目的在于人的主体性的建立，这一点对饱受"异化"与疏离所凌虐的现代学园师生，具有深刻的意义与永恒的启示！

---

① 马克思：《德意志意识形态》，收入：《马克思恩格斯选集》，北京：人民出版社1972年版，第一卷，第42页。

附录四 傅斯年论教育改革:原则、策略及其启示

一、引　言

　　这篇论文写作的主旨在于整理傅斯年(1896—1950)先生在台湾大学校长任内,对于教育改革所提出的各项具体改革策略与原则,并就其对当前台湾教育改革的启示略加申论。本文所引用的第一手史料是傅先生所撰《中国学校制度之批评》这篇长篇论文。这篇长文分上、下两篇刊于1950年2月15日及31日出版的《大陆杂志》第一卷第11期及12期,《大陆杂志》编者在下篇附记说:"这半篇是傅孟真先生十二月十八日才脱稿的,过了两天,他就突患脑溢血逝世。"下篇最后有一行字:"声明:上期所载第二表,因排错,作为取消。作者。"这篇论文收入于台湾大学出版的《傅斯年校长最后论著》(1950年12月31日),现收入于《傅斯年选集》第十册之中。①傅先生逝世于1950年12月10日,所以这篇文字可以视为傅先生对教育改革问题的最终见解。今日我们重温这篇文字,一方面纪念傅先生百龄冥诞,另一方面也可以作为当前台湾教育改革之参考。
　　本文除第一节"引言"之外,第二节整理傅先生所提出的教育改革的意见,并就其历史背景及个人特质略加说明。第三节探讨傅斯年所主张的教

---

① 傅斯年:《中国学校制度之批评》,收入:《傅斯年选集》,台北:文星书店1967年版,第10册,第1721—1771页,以下引用本文时简称为《批评》。

育改革方案中所潜藏的基本原则,并就管见所及加以补充。第四节则就傅斯年教改意见在当前台湾教育之落实,提出若干看法。

二、傅斯年论教育改革

(一)教育改革的原则

傅斯年针对1950年代初期台湾的教育,提出以下五项进行改革的原则:①

第一,将现在层层过渡的教育,改为每种学校自身都有其目的。傅斯年认为,每一种学校必须有它自己的目标。学生毕业后,就业而不升学者应为多数,升学而不就业者应为少数。每一种学校自身的目标,应表现在课程及训练上,必须使多数学生毕业后不至于不能就业,若各级学校都专为升学而设,岂不全变了预备学校?清朝的制度只有高等学校或大学预科是预备学校,现在几乎一切皆是预备学校。

第二,将教育改为能力取向的教育。傅斯年指出:因为一切学校成为过渡性质的学校,教育也就变成了资格教育(也就是古代所谓"功名"),所以学校所培育出来的人,游民多而生产者少。教育应当给予学生以生产力的训练,和文明社会必要的技术训练,而且也不可以养成学生崖岸自高的心情。

第三,将盲目追求资格与文凭的教育改为追求学问的教育。傅斯年认为,当时学生进入学校是为求升级毕业而不管学校的师资与设备,求学之目的只在于资格的取得。如果中国人能够重视学业而轻视资格,或者重视学业过于重视资格,学校就必须改弦更张。

第四,将阶级教育改为机会均等教育。傅斯年认为,中学以上的教育必须力求教育均等,其方法如下:(1)凡是适龄儿童,除非因残废疾病,必须受到教育,这是在教育上第一件应努力之事。在台湾省,初中四年也应于十年内改为义务教育。(2)在初中四年毕业后的层层升学,则取决于学

---

① 《批评》,第1729—1737页。

生的天赋和学力。改进方法是一方面各地方各团体广泛的创设辅助升学的名额,专给贫穷人家的子弟,一方面各级学校要维持一个适宜的入学标准。

第五,将教育的幻想成分去除,改为现实取向的教育。傅斯年列举下列问题以检验学校教育之理想或幻想:

一、我们这一套学校,照他的性质,照他的数目比例,为的是什么?

二、我们这一套学校,抗战以来,越来越多,可曾于创办之前想到师资从哪里出来否?

三、我们这一套学校,学生毕业之后,究竟能有多少就业?就业后效果如何?可以不为社会之累赘否?

四、我们这一套学校,曾用何种方法使他一校有一校之作用,可不是仅仅挂牌子发文凭?

五、我们国家的人力物力,能办多少?办了后,能否增进人力物力,以便再去办?

(二) 教育改革的方案

根据以上五项原则,傅斯年提出教育改革的具体方案。首先主张将各级学校名称加以改订:"国民学校"名称照旧,"初级中学"改称为"通科学校","高级中学"改称"预备学校"或"书院","初级职业学校"改称为"术科学校","高级职业学校"改称"艺科学校","专科学校"及"大学"之名均依旧。以上各级学校均有其不可混淆之特性:

国民学校	普及性
通科学校、实科学校	充实性
术科、艺科学校	能力性
师范学校	选择性

基于以上各级学校之特殊性质,傅斯年的具体改革方案中,最具有意义的是关于通科学校的改革,以及强调艺科、术科学校与大学的差别。我依序说明他所持这两方面的意见。

首先，傅斯年主张改初中为通科学校，分为两个阶段，前一个阶段两年，后一阶段两年，其中科目，约有四类：

1. 语文科　汉文、英文，由浅入深，必一步一步的实实在在的求进益。
2. 陶冶科　公民（或曰修身）、音乐、美术等。
3. 体育科

以上三项，四年一贯，逐步为之。

4. 知识科　此中必须分为两段，如下：

　　前段　数学（算术、浅近代数）几何先作图画

　　后段　数学（代数至二次方程基本式、平面几何，勾股等名之定义及施用）

其次，傅斯年更呼吁，在通科学校毕业后进入预备学校的学生应该是少数，大多数应该进入专科学校。专科学校应以职业训练为目的，但也有其学术的训练，犹之乎大学应以学术为对象，但也应兼顾职业训练。专科学校与大学之截然不同，在于下列几点：(1)大学必经预备学校，专科则不然，所以在年龄上预备学校与专科是平行的。预备学校期限两年，专科学校则大体为四年，但工农专科的应用科则可以五年为期。(2)大学以每一种科学的基础训练（多为理论的）为主，专科则以每一种科目的应用为主。(3)大学生在入学之始，至少在第一年级以后，即须流畅地看外国专门书报，专科则求毕业时能达此目的，所以专科的用书应编译。(4)大学的实验常是解决问题的实验，较少练习手技，因为在预备学校先练习成物理、化学、生物切片或看镜子等等技巧了，在专科则一切实验除了解原理的少数以外，以练习工作技巧为原则。傅斯年特别强调大学教育应特重以下四项要义：

（一）大学不可糅杂职业学校的目的。

（二）大学以学术为本位，专科以应用为本位。

（三）大学的教学必须与专科学校不同。专科学校不应模仿大学，而且大学的多数部门也不过是专科的程度，偏又不能做到专科学校的实践性。

（四）大学毕业的任用资格除在大学或研究机关之外，不应优于专科。

傅斯年相当强调大学的学术研究角色,而较不重视大学的推广或服务功能。

三、傅斯年教育观蕴涵的启示

傅斯年所提出的教育改革的原则与具体策略,虽然距离今日已有45年,但对今日台湾的教育改革事业却仍具有一定的启示,尤其是以下两项启示最值得我们重视。

(一)均衡原则

傅斯年的教育改革理念所蕴涵的第一项启示是:在诸多极端之间维持均衡的原则。傅斯年主张:①

> 我以为计划教育万万不可做得太过,太过了,使得学校无自由发展的机会,学校是不会好的。计划与不计划,必须适中,然后收效最大,毛病最少。其实适中的要求,何止在这一事上,许多事应求其适中。所谓适中者,并不是一半一半,糅杂着,乃是两个相反的原则,协调起来,成为一个有效的进步的步骤。

从这项均衡原则出发,傅斯年主张学校制度应该在各种极端之间求其均衡:

第一,在计划教育与自由发展之间求其均衡。傅斯年本此原则主张:(1)学校应循分层推进的道路求其多元。(2)同样的学校不必只许有一个形态。(3)都市和乡村的学校不必用同样的章程。(4)异地的学校不必采取一致的办法。②

第二,在理想与现实之间求其平衡。傅斯年认为,如果一切根据现实订定学校制度,便难以进步,但如果全凭理想,则又不能实行,所以学校方案必须兼顾理想与现实。各级各类学校应有不同的理想,然而综合来说,

---

① 《批评》,第1752—1753页。
② 同上书,第1754页。

大原则是使得人像人,人能生活,人能生产,人能思想,人人助社会,社会助人人。20世纪中国社会的现实状况是贫穷与愚昧,因此学校制度的改革应高举理想之时不忘现实情况。①

第三,在传统与改革之间求其平衡。傅斯年主张,教育改革必须承认传统的有效性,同时也不能不为传统而预做适应之计。现代社会的要求有两大项:(1)工业化,(2)大众化。中国非工业文明的教育内涵与中国传统文明之忽视大众,这两点必须加以修正。②

第四,在技能训练与通才教育之间求其平衡。傅斯年认为,中国为克服困穷及增加生产,技能教育必须重视,但是因为技能日新又新,所以人必须与时俱进,若一切教育都是为了技能,所造就出来的人将成为死板而不能自求进步的机器,如此不久之后,技能随时代进步而人则落伍而成为废物,所以"通才"这一个观念,在教育上必须与技术同等重视。③

第五,在教堂与市场之间求其均衡。傅斯年认为,学校可以是一个近代主义的教堂,使受教育者获得安身立命的基础,但学校也可以提供某种技能或生产教育以增进大众之福祉。④

总而言之,傅斯年所提示在"计划/自由"、"理想/现实"、"传统/改革"、"技能/通才"、"教堂/市场"之间,求其动态的均衡这项原则,对今日处于各种冲突之中的21世纪前夕的台湾教育改革,具有深刻的参考价值。

(二) 本土取向

傅斯年的教育改革观的第二项启示是:他具有强烈的本土取向。傅斯年一针见血地指出,1949年以前中国的教育制度的根本问题在于抄袭外国,他说:⑤

> 中国之学校制度,只可说是抄袭的,而不可说是模仿的,因为模仿要用深心,抄袭则随随便便。只可说是幻想的,而不可说是主观的,因

---

① 《批评》,第1756—1757页。
② 同上书,第1758页。
③ 同上书,第1761页。
④ 同上。
⑤ 同上书,第1726页。

为幻想只凭兴之所至,主观还可自成一系,并模仿,偏见,主观还有些谈不到,便是中国学校制度。

傅斯年强调:①

学外国是要选择着学的,看看我们的背景,看看他们的背景。

他强烈主张中国教育必须走出自己的道路,一切的改革方案都必须置于本国特殊的社会经济文化背景中加以考量。

(三) 启示的讨论

傅斯年教改理念中的两项启示:均衡原则与本土取向,对今日台湾教育改革运动都具有高度的参考价值。但是,我们对傅斯年的教改理念加以分析,就可以发现傅斯年关于教育改革的种种意见,基本上是在教育领域内析论教育问题,他较少在教育领域与非教育领域的互动脉络中,讨论教育改革问题。因此,我们在记取他的教育理念的启示之余,也可以提出以下的补充意见。

20 世纪的中国处于一个动荡不安的时代之中,教育领域难以摆脱社会政治经济领域的干预,其结果则是使 20 世纪中国的教育摆荡于"知识分子工农化"与"工农知识分子化"这两个极端之间。1945 年以后的台湾教育,在特殊政治情势之下,教育部门一直深受政治部门的主宰;到了 1987 年 7 月戒严令废除之后,台湾民主化与自由化的浪潮,则又强有力地冲击着教育部门,而使教育改革成为 21 世纪前夕台湾的重要改革要项之一。

从教育部门与非教育部门的互动日益频繁这项现实出发,我们认为除了傅斯年先生所提出的"均衡原则"与"本土取向"之外,台湾的教育改革也必须努力建立学生的主体性,才能与非教育部门进行健康而有益的互动。我们进一步阐释这项论点。

首先,我们认为,在后戒严时代的台湾,学生关心社会,参与社会运动基本上是值得鼓励的。我们之所以作如是观,基本理由有二:第一,在现代高等教育中,一方面由于学问的专业化与分工化,使教育特重技术或知识

---

① 《批评》,第 1725 页。

的传授。"事实"与"价值"两分的结果,使现代青年成为有知识而无智能的新人种,尤其欠缺必要的教养以作为安身立命的基础。另一方面,现代社会的日趋工业化与个人主义化,也使得知识青年与整个社会的联系日趋淡薄,使"知识活动"与"实践活动"分途发展。这种"知"、"行"分道扬镳的结果,造成现代青年的自我疏离,成为"失根的兰花"。在这种背景之下,社会运动正是愈合"知"、"行"两分的裂痕,贯通"知识"与"实践",并使个人与社会互通声气的一个重要途径。青年透过对社会运动的参与,而重建他们对家国的认同与爱心,值得鼓励。

第二,随着台湾近年来各方面的变化,所谓"社会运动"的性质也逐渐转化。在过去,社会运动基本上有如"剧场",参与者有如演员,而旁观者则有如观众,双方壁垒分明。在这种意义下的社会运动基本上只是一种怨气的发泄,欠缺积极的意义。但是当民主化与自由化更加速发展之后,社会运动的性质就从"剧场"转化成一种"符号",参与者与观察者的界限业已泯除,在主客交融之下,所有的社会成员在社会运动中,各自赋予并注入新的意义与价值。这种形态的社会运动是一种积极的意义创造的行动,新文化的建立就是在这种活动中完成。知识青年的参与社会运动,正是这种充满价值内涵的社会运动中一股具有充沛活力的清流。这股清流的注入,使社会运动免于沦为政客争权夺利的竞技场,赋予社会运动以崭新的意义。中国历史上汉代与宋代太学生的救国运动,1960年代欧美各国的学生运动,都充满理想主义色彩,对国家社会贡献良多。

我所谓"建立学生的主体性",在当前的台湾脉络之下其具体含义是指:学生是在增长自己的经验、学识与能力的前提之下,参与社会运动,而不是"为运动而运动"。传统儒家所谓"先立乎其大",所谓"操之在我则存",都是指这种"主体性"的建立而说的。只有建立学生的"主体性",他们在"八方风雨会中州"的现代台湾多元社会中,才不致成为迷途的羔羊。学生参与社会运动的方式固然不一而足,但是,如果从学生的"主体性"的立场而言,最可取的途径莫过于:发挥知识青年的长处,进行各种知识性的调查研究工作。在这种调查工作之中,学生一方面落实他们爱国爱乡的情操,一方面也可以提供切实的数据与研究,作为改善社会的依据,对学生本身,对社会各阶层,都有正面而积极的贡献。

以上这项"建立学生主体性"的工作,是在今日台湾教育与社会政治经济情势互动密切的特殊状况下,我们谈教育改革可以多加思考的另一项原则。

四、结　　语

在将近半个世纪之后,我们重温傅斯年对教育改革所提出的看法,深感傅先生的卓见对现阶段台湾教育改革仍充满了启示,其中尤其是在各种极端之间维持动态平衡,以及扣紧具体而特殊的本土情况这两项启示,实有其历久而弥新之价值。

我过去讨论台湾教育问题时曾说明,在 21 世纪即将来临的前夕,当前台湾的教育改革所面临的挑战是:如何于新旧时代交替的历史十字路口上,在各个极端之间维持动态的平衡?这是我们应加深思的问题。更具体地说,这项新挑战在下面五个方面展现:[1]

1. 从教育内容的改革来看:如何在一致性与个别性之间维持动态平衡?

2. 从教育目标的改革而言,如何在建立台湾主体拓新的中国文化视野与世界眼光之间维持动态平衡?

3. 就教育方法的改革而言,如何在管制与放任之间获得平衡?

4. 就教育资源的新分配而言,如何在中小学(及学前)教育与高等教育之间获得平衡?

5. 就教育的实施方式而言,如何在"正式结构"(指各级学校教育系统)与"非正式结构"(指非学校系统的家庭、社会教育以及其他潜在性的教化过程而言)之间,努力于创造动态的平衡?

如何在新旧交替、回流激荡的历史关键时刻里:创造一种"动态的平衡",这是当前台湾教育改革工作者,所面临的严肃挑战。傅斯年的教改理念,仍是我们面对挑战开创新局时的重要凭借。(本文原刊于《台大历史学报》第 20 期,《傅故校长孟真先生百龄纪念论文集》,台北:台大历史学系印行,1996)

---

[1] 黄俊杰:《从日本"临教审"经验谈台湾的教育改革》,1994 年 10 月 29 日在教改会第二次委员会议专题演讲稿,刊于《教改通讯》2(1994 年 11 月 31 日)。

北京大学出版社教育出版中心 部分重点图书

一、科学素养文库·科学元典丛书（第一辑20种）

科学元典是科学史和人类文明史上划时代的丰碑，是人类文化的优秀遗产，是历经时间考验的不朽之作。它们不仅是伟大的科学创造的结晶，而且是科学精神、科学思想和科学方法的载体，具有永恒的意义和价值。

天体运行论	[波兰] 尼古拉·哥白尼 著
关于托勒密和哥白尼两大世界体系的对话	[意大利] 伽利略 著
心血运动论	[英] 威廉·哈维 著
几何	[法] 勒内·笛卡儿 著
自然哲学之数学原理	[英] 伊萨克·牛顿 著
光学	[英] 伊萨克·牛顿 著
光论	[荷兰] 克里斯蒂安·惠更斯 著
怀疑的化学家	[英] 罗伯特·波义耳 著
化学哲学新体系	[英] 约翰·道尔顿 著
化学基础论	[法] 安托万-洛朗·拉瓦锡 著
海陆的起源	[德] 魏格纳 著
物种起源	[英] 达尔文 著
人类在自然界的位置	[英] 赫胥黎 著
进化论与伦理学	[英] 赫胥黎 著
热的解析理论	[法] 约瑟夫·傅立叶 著
狭义与广义相对论浅说	[美] 爱因斯坦 著
关于波动力学的四次演讲	[奥地利] 薛定谔 著
基因论	[美] 摩尔根 著
控制论	[美] 维纳 著
从存在到演化	[比利时] 普里戈金 著

二、北大高等教育文库·学习之道丛书

如何查找文献	[英] Sally Rumsey 著
学术研究入门	[英] Martyn Denscombe 著
学术道德学生读本	[英] Paul Oliver 著
阅读、写作与推理	[英] Gavin J. Fairbairn 著
怎样获得一个好学位	[英] Phil Race 著
如何向学术刊物投稿	[英] Rowena Murray 著
社会科学研究的基本规则	[英] Judith Bell 著
研究资讯的管理	[英] Elizabeth Orna 著
学术研究的十个关键	[英] Martyn Denscombe 著
如何撰写科学计划	[英] Andrew Friedland 著
怎样撰写和发展科技论文	[英] Robert A. Day 著
博士研究的潜规则	[英] Gordon Rugg 著

三、北大高等教育文库·学问之道丛书

教育研究方法:实用指南	[美] Joyce P. Gall 著
比较教育前沿理论与方法	[德] J.Schriewer 著
如何研究高等教育	[美] Malcolm Tight 著
社会研究:问题、方法与过程	[英] Tim May 著
心理学研究方法 理论与进展	[美] Larry B. Christensen 著

四、北大高等教育文库·教学之道丛书

如何成为顶尖的大学教师	Ken Bain 著
对大学新教员的忠告	Nihil Nimus 著
理解教与学:高等教育中的经验	Prosser and Trigwell 著
做一个有创新能力的大学教师	John Cowan 著
如何指导博士生	Sara Delamont 著
以学术为业	John Darley 著

五、北大高等教育文库·大学之思丛书（刘东 主编）

大学之用（第五版）	Clark Kerr 著
废墟中的大学	Bill Readings 著
莎士比亚、爱因斯坦与盈亏：大学的市场化	David Kirp 著

六、北大高等教育文库·大学之道丛书（第二辑）

德国古典大学观及其对中国的影响	陈洪捷 著
探索无尽的前沿：MIT与研究型大学的作用	Charles Vest 著
大学校长遴选：理念与实务	黄俊杰 主编
东京大学的没落	胡建华 著
大国之梦：彼得堡大学的崛起	崔启明 著
转变中的大学：传统、议题与前景	郭为藩 著
后现代大学？变革中的高等教育新图景	安东尼·史密斯 弗兰克·韦伯斯特 编
高等教育的理想	Ronald Barnet 著
美国大学之魂：清教建制的世俗消解	George Marsden 著
大学理念之再考察：与纽曼对话	Jaroslav Pelikan 著

七、生命之旅丛书

死亡的尊严与生命的尊严	傅伟勋 著
西方死亡哲学	段德智 著
中国死亡哲学	段德智 著
死亡与美	陆扬 著
人心与人生：广义心灵哲学论纲	高新民 著

八、北大高等教育文库·中国高等教育史丛书（第一批书目）

抗日战争时期解放区高等教育	曲士培 著
中国大学教育发展史	曲士培 著
国立西南联合大学校史	西南联合大学北京校友会 编
燕园杂忆	迟惠生 编著
建设应用型大学之路	孔繁敏等 编著

九、北大高等教育文库·中国高等教育史丛书（第二批书目）

张伯苓的大学理念	梁吉生 编
整顿北京大学的经过	蔡元培 著
蔡元培与北大校务革新	吴家莹 著

十、北大高等教育文库·高教论丛

中国大学外部经济关系研究	王卓君等 著
高等教育改革中的法律问题研究	
法治理想与精英教育：中外法学教育制度比较研究	
法学教育价值研究：兼论我国法学教育改革的走向	
文理基础学科人才的培养	王义遒 主编

十一、古典教育与通识教育丛书

苏格拉底之道	罗纳德·格罗斯 著
哈佛通识教育红皮书	哈佛大学通识教育委员会 编
全球化时代的大学通识教育	黄俊杰 著
美国大学的通识教育：美国心灵的攀登	黄坤锦 著
文艺复兴时期的人文教育	Craig W. Callendorf 编

十二、家庭教育丛书

成为优秀父母的十大法则	劳伦斯·斯坦伯格 著
帮助孩子度过青春期	希拉·戴恩 著
好孩子 坏孩子：亲子关系成功技巧（第二版）	卫亚莉 著
好父母 坏父母：亲子关系沟通技巧（第二版）	卫亚莉 著

十三、其他图书

科学人文高级读本（插图版）	任定成 主编
人的性与性的人·大学性学读本（图文版）	彭晓辉、阮芳赋 主编
北大清华名师演讲录	李学勤等 著
大学何为	陈平原 著
中国教育公平的理想与现实	杨东平 著
中国教育与人力资源发展报告 2005—2006	闵维方 主编